Wer England bereist, auf den Spuren seiner Dichter oder seiner Geschichte, der hat auch die unnachahmlichen Geschichten von Peter Sager im Kopf, der mit nicht nachlassendem Enthusiasmus die Schönheiten seines Englands klug, witzig und durchaus kritisch beschreibt.

Peter Sager erzählt die Lebensgeschichten des Malers Thomas Gainsborough, der dichtenden Brontë-Schwestern, des Lyrikers Dylan Thomas oder des Bestsellerautors Jeffrey Archer in Verbindung mit der Landschaft, in der sie lebten und leben und die Eingang in ihre Werke fand.

Zu den großen Attraktionen gehört für Engländer und Touristen gleichermaßen der Besuch der schönsten und ältesten Herrenhäuser des Landes. Sager beschreibt, wie im ehemaligen Pazifistenzentrum der Bloomsbury-Gönnerin Lady Ottoline Morrell eine Bühne für die große Oper entstand; wie Churchills Mutter auf dem Stammsitz Blenheim Palace mit dem längsten Korridor Europas »beim Tanzen im siebten Monat von den Wehen überrascht ... mit einer Sturzgeburt namens Winston niederkam«. Wir erfahren, in welchem Himmelbett Queen Victoria nächtigte; wir riechen in die Shops des National Trust hinein: Lavendel, Kräuterkissen und Big Business; in Gummistiefeln und Abendkleidern promenieren wir über den Deich in Erwartung des Aldeburgh-Festivals, und mitten in Wales lebten die klugen, emanzipierten Ladies von Llangollen – Aussteigerinnen anno 1778!

Peter Sager, geboren 1945 in Sielbeck am Ukleisee, arbeitete von 1975 bis 1999 als Reporter der ZEIT, seitdem als freier Autor.

insel taschenbuch

Peter Sager

England, mein England

Peter Sager
England, mein England

Britische Begegnungen

Insel Verlag

Umschlagabbildung: Arcticphoto/laif

insel taschenbuch 3180
Erste Auflage 2006
Insel Verlag Frankfurt am Main und Leipzig

Vertrieb durch den Suhrkamp Taschenbuch Verlag
Umschlag: Michael Hagemann
Satz: Hümmer GmbH, Waldbüttelbrunn
Druck: Nomos Verlagsgesellschaft, Baden-Baden
Printed in Germany
ISBN 3-458-34880-8

1 2 3 4 5 6 – 11 10 09 08 07 06

Inhalt

Inhalt

England ist so ein langweiliges Land,
voll von langweiligen Karrieristen,
Fußballfans und Hundefreunden.
Ich kann mir nichts Schlimmeres vorstellen.

Ralph Steadman

Für Ginger und Bob

Sunny periods in Southwold

Ein Ort für Einzelgänger und Exzentriker

Meine kleine Stadt riecht nach Hopfen, Malz und Meer. Sie liegt in einer Sackgasse an der Küste von Suffolk. Die meisten fahren, gottlob, an Southwold vorbei. Ein Ort ohne Sehenswürdigkeiten: keine Burg, keine Kathedrale, nicht mal eine Ruine. Kein Grund eigentlich abzubiegen von der A12, die Marsch zu durchqueren, auf den weißen Leuchtturm zu und die bunten *beach huts*, die zwischen Wiesen und Wasser aufgereiht sind wie Farbmustertafeln im Freien.

Die High Street endet auf einem kleinen, dreieckigen Marktplatz. In der Mitte eine viktorianische Pumpe mit Glaskugel und goldener Krone, gußeisernen Delphinen und dem Motto »Defend They Ryghts«. Gastlich breitet der *Swan* seine Erker und Giebel aus. Gegenüber die Bank, Denny der Schneider, Norman der Metzger (*»over 300 years & still going strong«*). Alles sieht so aus, als sei es immer so gewesen und werde immer so bleiben.

Wahrscheinlich ist Ginger der erste, der unsere Ankunft bemerkt. Er steht vor seiner Haustür und blinzelt in die Sonne. Ihm entgeht so schnell nichts. Ginger trägt Gummistiefel, einen schwarzen und einen grünen. Er trägt immer Gummistiefel, im Sommer und im Winter. Darin verwahrt er sein Geld, sagt man. Jedenfalls zog er einmal im Pub Nelson, als es ans Zahlen ging, eine 100-Pfund-Note aus seinem Gummistiefel.

Eigentlich heißt er Ernest Newson. Aber sein Bart ist so tabakgelb, daß jeder ihn Ginger nennt. Wie lange er schon hier lebe? »75 Jahre, drei Monate und eine Woche, in diesem Haus bin ich geboren.« Sein Vater war Bäcker, einer von sieben Bäckern in Southwold. Heute gibt es hier nur noch einen. Ginger verkauft Lottoscheine. Die Rente ist zu klein, um sein Haus zu renovieren. Würde er es verkaufen, wäre er ein gemachter Mann. Denn Ginger wohnt am South Green.

Ein Dorfanger auf den Klippen über dem Meer, ein Hügel über der Marsch. Gelb blühen die wilden Lupinen. Gloriose Blicke, bis der Sturm dich packt und landeinwärts treibt, unfehlbar in den *Red Lion*, die Kneipe am South Green. »Lauter reiche Leute, meine Nachbarn«, sagt Ginger in seinem zerschlissenen Tweedjakket. »Aber ein Millionär kann auch nur ein Guinness nach dem andern schlucken.«

Nur vier Einheimische wohnen noch rund um South Green. Die andern: zugereist, teils schon vor Jahrzehnten, teils aus Nostalgie. Manche, die als Kinder in Southwold Ferien machten, setzen sich im Alter hier zur Ruhe. Die meisten kommen aus London: pensionierte Beamte, Offiziere, erfolglose Schauspielerinnen. Eine höchst konservative, in Maßen exzentrische Gesellschaft. So hat sich Southwold in aller Stille zum Küstenvorort von Hampstead entwickelt.

Letzte sonnige Tage. Alles strebt zum Strand. Darunter vor allem Sand zu verstehen wäre ein kontinentales Mißverständnis. Auf den Kieswällen sitzen sie stoisch wie Fakire auf dem Nagelbrett. Hinter Buhnen und flatternden *windbreaks* trotzt der Engländer den Elementen. Letzte, schönste Zuflucht: die *beach huts*. Wie winzige viktorianische Reihenhäuser ziehen sich die Strandhütten am Fuß der Klippen entlang, farbige Fanale gegen die graue See, festgezurrt gegen widrige Winde, lauter kleine Trutz- und Teeburgen, in denen fortwährend die braunen Überlebensbeutel aufgebrüht werden, erste und letzte Hilfe zwischen den *sunny periods*.

Oh, ihr *beach huts* mit den poetischen, patriotischen Namen, oh *Britannia, Lady Nelson* und *Chatterbox*, eure Namen sind Programm, *Take it easy* und *Happy Days*, ihr seid der feste Pol des *seaside*-Lebens, der Logenplatz am Meer. Hier guckt ein Bein, dort eine Hundeschnauze zwischen den Holzgittern hervor. Zwei alte Damen lesen Jeffrey Archer. Mit hochgekrempelten Hosen und spitzen Zehen testen ihre Männer die See. *Nice and warm, darling*. Dann blicken sie doch lieber wieder mit dem Fernglas angestrengt aufs Wasser, als ob von dort noch Unerhörtes zu erwarten sei. Nichts schöner als solche Stunden, in denen nichts geschieht. Bis, gegen fünf Uhr, eine Lady mit vollbeladenem Tablett in die Dünen fällt. Schade um den Tee, aber endlich eine Abwechslung.

Am Strand von Southwold gibt es keine Bingohallen, keine *Amusement Arcades*, nichts von Blackpool und anderen Rummelplätzen. Hier ist jeder sein eigener Entertainer. Charly zum Beispiel, der Hund unseres Nachbarn Sir George: scharrt und schaufelt seit Stunden an einem Tunnel unter dem *Blue Dragon*. Ein Kaninchen, vermutet Sir George, *get it, Charly!* Wenn er so weiterwühlt, wird der *Blue Dragon* morgen einstürzen. Schade um die Hütte, aber wieder eine Abwechslung.

Unsere Seezunge kaufen wir bei Arthur Swan in der Victoria Street. Mit 14 fuhr *Swanney* zur See, mit 40 wurde er Fischhändler, nun ist er fast 80. Seine Bücklinge, über Eichenholzkohle geräuchert, werden nur noch übertroffen von seinen *kippers*. Manche Kunden schreiben ihm sogar Gedichte, wenn stärker als ihr Heimweh nur noch die Lust auf frischen Fisch ist. »*Whenever I am lonely / Homesick for Hertfordshire only / I'll buy some fish / For a supper dish / From faithful Mr. Swan.*« Auch in London schätzt man seinen Fisch. In Soho haben sie scharfe Messer, heißt es, da verkaufen sie *Swanneys* Makrelen als Räucherlachs.

Mitten im Ort liegt die Brauerei. Adnams' Malzgeruch und die Düfte aus Mr. Swans Räucherkammer verbinden sich zu den himmlischen Wohlgerüchen von Southwold. Morgens um halb neun rollen die Räder der Bierkutsche übers Pflaster. Mittags trotten die Adnams-Pferde über den Markt zurück in den Stall. Nachmittags haben »Prince« und »Sovereign« frei. Keiner überarbeitet sich in Southwold.

Nur John Adnams hat vielleicht etwas viel am Hals: Manager der Brauerei, Haus- und Grundstücksmakler, Auktionator, Schweinezüchter, Stadtrat – »*He has his fingers in most pies of the town*« –, nichts läuft ohne ihn. Mit 140 Angestellten ist Adnams der bei weitem größte Arbeitgeber am Ort, eine der letzten Familienbrauereien in England. Ohne Adnams wäre Southwold ein Altersheim, und im Winter, wenn die Ferienhäuser leerstehen, eine Geisterstadt. Adnams' Markenzeichen ist der *Jack-of-the-clock*, die Figur eines Söldners der Rosenkriege, der in der Kirche von Southwold mit seiner Streitaxt die Glocke schlägt: auf zur Messe, auf zum Pub, *cheers* und Amen.

John Adnams ist ein nüchterner Mann. Mit dem Hefeabfall seiner Brauerei mästet er Hunderte von Schweinen (*»Adnams pigs are happy pigs«*). Simon Loftus, sein Partner im Familienunternehmen, handelt mit Wein, ausgerechnet, und führt in der *Crown* eine florierende *Wine Bar*. Simon, Cambridge-Absolvent, veranstaltet im Winter Dinnerkonzerte in der *Crown*, mit Schampus, *candlelight* und dem Londoner Kammerorchester. Kunst und Wein statt Bier und Schwein.

Abends streicht der Scheinwerfer des Leuchtturms über die Dächer der kleinen Stadt. Erschrecken Sie nicht, wenn Sie dem schwarzen Mann begegnen. Er geht in einer Lumpenkutte umher, mit geschwärztem Gesicht, eine Gestalt wie aus den Pestzeiten des Mittelalters. Das ist Robert. Er lebt seit Jahren allein in der Marsch, in Tinker's Barn, einer Scheune, knietief mit Konserven und Papier bedeckt. Manchmal sitzt er abends an der Friedhofsmauer von Southwold. Aus seinem Plastiksack hat er viele Zettel im Gras verteilt und schreibt. Er komponiert, sagen die Einheimischen. Robert tut keinem etwas, und keiner stört ihn.

Als größter Exzentriker der Gegend gilt der Earl of Stradbroke. Auf seinem Rolls-Royce steht, wie man ihn anreden soll: »*Call me Keith.*« Ein Parvenü, der in Australien Schafe züchtete, bevor er Henham House samt Titel erbte. Die Zahl seiner Kinder beläuft sich, nach vorsichtiger Schätzung, auf 15. Jetzt hat der unternehmungslustige Graf eine Samenbank eröffnet, erzählt Mr. Denny, »da kann er sein blaues Blut teuer verbreiten.«

Mr. Denny hat schon dem alten Lord Stradbroke die Hosen angemessen. Ihm gehört das Bekleidungsgeschäft am Markt, gegründet von seinem Urgroßvater 1851. *Denny's of Southwold* ist in East Anglia ein Begriff. Der Landadel der Umgebung, Benjamin Britten, Peter Pears, sie alle ließen sich vom *Master tailor* Jack Denny ihre Anzüge machen. Früher hatte er sogar ein Büro in Londons vornehmer Savile Row. Zu seinen Kunden gehörte auch Eric Blair, besser bekannt unter dem Pseudonym George Orwell.

Orwells Eltern lebten Anfang der dreißiger Jahre in Southwold. »Ihr Haus in der High Street gehörte meiner Tante. Eric ging gern angeln, auch an Feten nahm er teil. Aber statt zu tanzen, unterhielt er sich lieber. *He was a lone bird*, eigentlich war er ein Einzelgänger.« Noch einmal nimmt Mr. Denny Maß: »Eric war ziemlich groß, etwa sechs Fuß vier Zoll. Ich habe ihm ein paar Hosen für zwei Guineen gemacht, *West of England*-Flanell. Die bestellte er auch später bei uns, als er auf den Hebriden lebte.« In Southwold brachte George Orwell den Nachbarkindern bei, wie man Aale mit dem Gewehr jagt und wie man kleine Sprengsätze macht; letzteres trug ihm den Spitznamen *Blarry Boy* ein.

Nice breeze today, isn't it? Ich gehe den Strand entlang, über knirschende Kieselsteine. »Die Leiche ohne Hände lag auf dem Boden eines kleinen Segelboots, das in Sichtweite der Küste von Suffolk trieb.« Mit diesem Satz beginnt P. D. James ihren Krimi *Unnatural Causes*. Das unnatürliche Ende eines Schriftstellers in einem idyllischen Küstenstädtchen findet gottlob nicht in Southwold statt, sondern ein paar Meilen weiter südlich. Wahrscheinlich wollte P. D. James ihre Nachbarn nicht zu sehr beunruhigen. Denn die Londoner *Queen of Crime* hat seit Jahren ein Cottage in Southwold.

Auf dem Weg zum *Sailors' Reading Room* komme ich an Misty vorbei, der nebelgrauen Perserkatze vom *Nelson*-Pub. Vor Misty haben sogar die Hunde Respekt. Der Lesesaal der Seeleute liegt auf dem East Cliff, halb Backsteinkapelle, halb Schutzhütte, von einer viktorianischen Kapitänswitwe 1864 gestiftet in der Hoffnung, die Fischer von Southwold würden von nun an mehr lesen und weniger trinken. Dieser Illusion verdanken wir das kleinste, charmanteste Marinemuseum der Britischen Inseln. Ein Raum voll von Schiffsmodellen, Galionsfiguren und Bildern, Portraits der *hardy old salts*, Photos von Sturmfluten, Schiffsuntergängen, Fischfangrekorden. Ein Museum? Ach was, hier treffen sich die alten Southwolder zum Pokern und, *members only*, zum Billard im Hinterzimmer.

Und was machen wir morgen? *Hagstones* sammeln am Strand, Steine mit Löchern, Hexensteine gegen den bösen Blick. Und dann? Krebse fangen. Zum *crabbing* brauchen wir eine Kordel, etwas Frühstücksspeck und viel Fingerspitzengefühl. Hat der Krebs angebissen, ziehen wir ihn an Land. Haben wir genug Krebse im Eimer, kochen wir sie – nein, wir lassen sie laufen. Um die Wette. Ziel: der Fluß. Wer zuletzt hineinfällt, hat gewonnen.

Sunny periods in Southwold. Gegen elf wird draußen vor der Stadt eine rote Fahne gehißt: Die Fischer sind zurück, es gibt frischen Fisch. Wir machen uns auf den Weg zum Hafen. Den haben Sturmfluten im Laufe der

Jahrhunderte immer weiter von Southwold verdrängt. Jetzt liegt er abseits in der Marsch, wo die Fischreiher brüten, in der Mündung des River Blyth.

Kutter an schwankenden Stegen. Netze, Bohlen, Hummerkörbe. Es riecht nach See und Arbeit. Schwarzgeteerte Fischerhütten, die Türen blau und rot. Kleine, große, schiefe, schöne Hütten: *Billy Boy* und *Jackamina*, *Night Owl* und *Wyenot*. Wir essen ein paar *cockles* bei *Willie's Plaice*, Herzmuscheln mit Pfeffer. Billy der Fischer erzählt die verrückte Story von der Marina. »Sie wollten einen Jachthafen bauen, unsere Hütten abreißen – unglaublich!«

Eines Tages, das war vorauszusehen, entdeckten Mrs. Thatchers Investment-Haie auch Southwold. Ein Ort wie aus den *Pickwick Papers*, ein Hafen im viktorianischen Dornröschenschlaf – was für Möglichkeiten! Flußsanierung hieß das Köderwort, Jachthafen mit Ferienkomplex. Aber die Planer hatten ihre Rechnung ohne die Bürger gemacht. Der Gemeindesaal war zu klein, man strömte in die Kirche, das Hearing wurde zum Tribunal: Friede den Hütten, keine Paläste – »*we love Southwold, save it from developers*!« Selbst John Adnams, mächtiger Stadtrat und ehrlicher Makler, hatte keine Chance gegen »*these damned conservationist people*«.

»Wir sind nicht Brighton«, sagte Susan Hicklin, eine der streitbaren Ladys von Southwold. »Wir wollen auch nicht aussehen wie Bournemouth, mit Blumenrabatten überall und in der Mitte eine Palme.« Überhaupt, ein Feriendorf für *continentals*, was soll das, »*absolutely mad*, die können doch nach Italien oder Spanien fahren!«

Das war 1986. Wie eh und je weht die rote Fahne der Fischer am Blyth. Auch *Ourd Bob* ist noch da, der Fährmann. Für *10 p* rudert Bob Cross mich hinüber nach Walberswick. Seit fast 50 Jahren setzt er die Leute über, ein hagerer, schweigsamer Mann. Früher saß sein Hund auf dem Rettungsring hinten im Boot, aber Bonnie hat nun Rheuma und bleibt zu Hause.

»Wir in Southwold«, sagt Mr. Burke, »benutzen auch bei Windstärke 10 den Vordereingang und nicht die windgeschützte Hintertür.« John Burke, der Schriftsteller, lebte rund 20 Jahre hier. »Damals gab es noch den Blythe Club. Nur Gentlemen durften Mitglied werden: Leute, die keinen Beruf ausübten. Man traf sich in einem Haus, das dem Bauunternehmer Denny gehörte. Natürlich wollte Mr. Denny auch in den Blythe Club. Das lehnten die ehrenwerten Mitglieder ab: Er sei leider kein Gentleman. Da kündigte Mr. Denny die Clubräume. Er war wirklich kein Gentleman.« Seitdem trifft man sich in der *back bar* der *Crown*, in *God's Waiting Room*.

Feine Leute im Freien

Thomas Gainsborough in Suffolk

Ein Maler aus dem Kaukasus besucht in Thomas Bernhards Erzählung *Alte Meister* das Kunsthistorische Museum in Wien und entfernt sich von seiner Reisegruppe, um ein bestimmtes Bild zu suchen. Nur für dieses eine Bild interessiere sich der Mann aus Tiflis, berichtet der Aufseher: Eine halbe Stunde habe er vor der *Gegend von Suffolk* verbracht, ohne auch nur einen Augenblick an seine Gruppe zu denken, er sei das erste Mal in Mitteleuropa und er habe zum ersten Mal ein Gainsboroughoriginal gesehen. Dieser Gainsborough sei der Höhepunkt seiner Reise. Eine Hügellandschaft, Bäume um einen Teich, eine Strohdachhütte, darüber ein dramatisch aufgetürmter Himmel – fast hätte der Mann aus Tiflis deshalb seine Reisegruppe verpaßt.

Ich bin in die »Gegend von Suffolk« gefahren, in Thomas Gainsboroughs Landschaft, in seinen Geburtsort Sudbury. Fachwerk mit Supermärkten. Unverbaut, unverändert aber die weiten Flußauen, wo Kühe grasen und am Stour zur Tränke gehen wie einst. Vor der Kirche steht der Maler lebensgroß in Bronze und schaut über den Marktplatz »dieser uralten, loyalen und patriotischen Gemeinde«, Vorbild für die Kleinstadt *Eatanswill*, wo Dickens seinen Helden Mr. Pickwick eine Parlamentswahl erleben läßt, in der »die Blauen« und »die Braunen« um die Gunst der Wähler buhlen wie heute, mit Wahlgeschenken, faulen Tricks und flotten Sprüchen.

Gainsboroughs Name ziert eine Tankstelle, ein Taxiunternehmen, einen Nachtklub und eine Seidenweberei. Hier läßt der amerikanische Modedesigner Ralph Lauren die Seide für seine Luxuskrawatten weben. Aus Sudbury stammt auch der Stoff für das Hochzeitskleid von Prinzessin Anne. Gainsboroughs Vater ging hier als Tuchmacher bankrott, sein Sohn stieg auf zum bestbezahlten Seidenrobenmaler des Königreichs.

Nicht zu verfehlen Gainsborough Street No. 46, wo er 1727 als jüngstes von neun Kindern geboren wurde. Es waren ursprünglich zwei Fachwerk-Cottages der Tudorzeit, die sein Vater in ein geräumiges Weberhaus umbaute, mit repräsentativer georgianischer Ziegelfassade. Dies ist das einzige Geburtshaus eines Künstlers, das man in England besichtigen kann. Fast wäre es ein Fahrraddepot geworden, hätten nicht ein paar Enthusiasten das Haus gekauft und restauriert. Dieser Verein, die *Gainsborough's House Society*, hat heute über fünfhundert Mitglieder in aller Welt.

In seinem Elternhaus hängen jetzt die Gainsboroughs: Zeichnungen, Radierungen, ein Dutzend Gemälde, mehr als in jedem Museum. Neben Gainsboroughs Pfeifenstopfer, Spazierstock-Degen und goldgerahmter Haarlocke ist auch sein *Colour Cabinet* zu sehen, ein Mahagoni-Schreibtisch, auf dessen Schieferplatte er seine Farben mischte.

Im Garten hinterm Haus steht noch der Maulbeerbaum, den Gainsborough kannte, gepflanzt um 1610 zur Seidenraupenzucht. Kein Naturgenie ohne Anekdote: Als Kind beobachtete er, wie jemand im Garten seiner Eltern Birnen klaute, und er zeichnete den Dieb so genau aus dem Gedächtnis, daß man ihn sofort erkannte. So wurde Gainsborough Portraitist der *enjoying classes*.

Anders als sein Rivale Reynolds unternahm er nie die obligate *Grand Tour*, die Bildungsreise nach Italien. Die Bäume von Suffolk waren seine Akademie, heißt es, und die Auktionshäuser Londons, wo damals die ersten Landschaften von Ruisdael und Hobbema auftauchten. Mit 28 bezog Gainsborough ein eigenes Atelier in London, 1745. Aus demselben Jahr stammt sein einziges datiertes Gemälde, ein überaus englisches Sujet: das Portrait des Bullterriers *Bumper*. Die Ähnlichkeit des Hundes gefiel auch seinem Herrn, und nicht nur diesem. »Schmalköpfige, kluge Leute und reiche Narren gibt es so viele in unserem Land, daß ich keine Sorge habe, hin und wieder mit Portraits mein Brot zu verdienen.«

In London heiratete Gainsborough die schöne Margaret Burr aus Schottland, uneheliche Tochter von Frederick, Prince of Wales. Mit ihr kehrte er nach Sudbury zurück. Dort malte er das Hochzeitsbild eines anderen jungen Paares: *Mr. und Mrs. Andrews*, das berühmte Doppelportrait der Londoner National Gallery. Frances, die 16jährige Braut, in blauem Satin auf einer Bank, neben ihr Robert, die Beine gekreuzt, die Jagdflinte lässig im Arm, hinter ihnen der Stamm einer Eiche, zeitlos wie eine griechische Säule. Die Felder sind wohlbestellt, Heugarben signalisieren eine produktive Landwirtschaft und eine fruchtbare Ehe. Die Eiche, unter der er die beiden malte, steht noch inmitten der Felder.

Als die erhofften Aufträge ausblieben, verließ Gainsborough 1752 endgültig seine Heimatstadt und zog nach

Ipswich. Sieben Jahre lang portraitierte er dort Klerus und Landadel, Brauereibesitzer und Bürgermeister. Sie wollten meist nur ein einfaches, billiges Konterfei: Kopf, Schultern, glatter Hintergrund. Hier in Ipswich erlebte ich die originellste, schönste Hommage à Gainsborough, den Maler und Amateurmusiker: ein Konzert in der alten Nonkonformisten-Chapel, mit Sonaten, Fugen und Liedern seiner Freunde, die er einst portraitierte und mit denen er musizierte. Dazu gehörten auch Johann Christian Bach und dessen Partner Carl Friedrich Abel, deutsche Komponisten am Londoner Hof, und Johann Christian Fischer, zuvor Oboist Friedrichs des Großen, später Gainsboroughs ungeliebter Schwiegersohn. Neben Auftragsportraits malte Gainsborough in Ipswich jene frühen Landschaften, in denen er auf sehr persönliche Weise den Realismus der Niederländer mit der neuen Leichtigkeit des Rokoko verband. Es sind arkadisch verwandelte Heimatszenen, Bouchers tändelnde Schäfer unter dramatischem Ruisdael-Himmel in East Anglia. Aber das englische Publikum schätzte damals andere Landschaften, topographisch exakt oder im mythologisch-heroischen Stil Poussins und Claude Lorrains. Im übrigen galten Landschaften als minderes Genre: *chimney pieces*, Dekorationsstücke über dem Kamin. Gainsborough wußte, daß er nur als Portraitist Erfolg haben würde, und zog nach Bath.

Dort traf sich im 18. Jahrhundert alles, was in England Rang und Namen und eine kleine Krankheit hatte. »Ein Spital für die Nation« heißt es in Smollets *Humphry Clinker*: »Jeder Glückspilz, wenn er sich nach der Mode hat ausstaffieren lassen, zeigt sich zu Bath als dem wahren Orte, wo er bemerkt werden wird.« Wollte einer auch späterhin, gar nach seinem Tode noch bemerkt werden, mußte er sich portraitieren lassen; am besten von Gainsborough. Bald war sein Atelier am Circus No. 17 Treffpunkt der Society. Als 1768 die Royal Academy in London gegründet wurde, berief man Gainsborough als einzigen Portraitisten in der Provinz zum Gründungsmitglied.

Die Lust an glänzenden Gewändern, an durchscheinender Spitze und schimmerndem Satin, dieser malerische Stoffreiz, der manchmal die Gesichter allzu glatt und leer erscheinen läßt: das ist der Erbe van Dycks, den Gainsborough in den Landschlössern rings um Bath studiert und noch auf dem Totenbett zitiert: »Wir kommen alle in den Himmel, und van Dyck ist mit von der Partie.«

Gainsboroughs oft dramatisches Helldunkel ist nicht zuletzt ein Ergebnis seiner Vorliebe, bei Kerzenlicht zu malen. Kerzen beleuchteten auch die Modell-Landschaften, die er im Atelier entwarf: Korken und Steine als felsigen Vordergrund, Sand, Moos und Spiegelscherben als stille Wasser in der Mitte; die Wälder in der Ferne waren Brokkolipflanzen. Diese inszenierten Landschaften bevölkerte der Maler mit kleinen Figuren und Tieren, die er aus Lehm modellierte. Der Abguß eines solchen Pferdes ist im Gainsborough-Haus in Sudbury zu sehen, das einzige erhaltene Modell dieser Art.

Fünfzehn Jahre lebte Gainsborough in Bath: ein Portraitist aus Leidenschaft, wenn man seine Bilder sieht – ein Portraitist wider Willen, wenn man seinen Briefen glauben darf. »I'm sick of portraits«, schrieb er einem

Freund, »ich habe Portraits satt und wünsche mir sehr, meine Viola da gamba zu nehmen und fortzuwandern in liebliche Dörfer, wo ich Landschaften malen und den Rest meines Lebens still und unbeschwert genießen könnte.« Es war die Sehnsucht nach den grünen Ufern des Stour, aus den Salons hinaus unter den hohen Himmel von East Anglia. »Aber diese feinen Damen und ihre Tees und ihre Bälle, ihre Jagd nach dem Mann etc. werden mich um die letzten zehn Jahre betrügen ...«

In langen Reihen, berichtet ein Besucher, standen Gainsboroughs Landschaften nebeneinander von der Eingangshalle bis zu seinem Atelier; aber die, die ihm Portrait saßen, *people with their damn'd faces*, würdigten sie im Vorübergehen kaum eines Blickes. »Zum Teufel mit den Gentlemen«, fluchte Gainsborough, »sie haben nur einen Teil, den anzusehen sich lohnt, und das ist ihre Börse.«

The curs'd Face Business, das verdammte Visagen-Geschäft: Selten war ein künstlerischer Verdruß ergiebiger als dieser, finanziell und ästhetisch. 1774 bezog Gainsborough ein Haus in Londons eleganter Pall Mall, er hatte einen Landsitz in Richmond, wo ihn sein Gönner George III. gelegentlich besuchte, ein Cottage in Essex und eine eigene Kutsche. Im übrigen mußte er alle Honorare an seine Frau Margaret abführen.

Schauspieler und Musiker waren seine Freunde, sie malte er am liebsten, und schöne Frauen: Sarah Siddons, Mrs. Sheridan, die Beauties der Londoner Salons. Er portraitierte James Christie, den Gründer des Auktionshauses, lächelnd auf eine Gainsborough-Landschaft gestützt. Indes machte Sotheby's das Rennen um den bisher höchsten Gainsborough-Preis: 5,2 Millionen für ein Portrait der jungen Mrs. Drummond. Sein Gruppenbild der Familie Gravenor verkaufte Sotheby's 1972 für die damalige Rekordsumme von 2,3 Millionen Mark nach Amerika. Dort hatte der New Yorker Kunsthändler und gebürtige Engländer Joseph Duveen schon früh dafür gesorgt, daß Sammler wie Henry C. Frick oder Andrew Mellon Bilder von Gainsborough erwarben, Gütezeichen des höheren, englischen Geschmacks: *the millionaire taste*. Duveen gab seinen amerikanischen Kunden eine Vergangenheit: Wer ein Gainsborough-Portrait kaufte, adoptierte einen Ahnen von europäischem Adel.

In London entstanden einige der schönsten farbtrunkenen Gemälde Gainsboroughs, Konversationsstücke eines englischen Watteau: *The Mall*, die Promenade der Damen und ihrer Beaus, eine *fête galante* im St. James' Park, heute in der New Yorker Frick Collection; oder der Spaziergang des Duke of Cumberland mit seiner Frau unter den Bäumen von Windsor, eines der Glanzstücke der Queen's Collection, der größten Gainsborough-Privatsammlung der Welt. Glamourportraits, gewiß; aber ein reiner Repräsentationsmaler, ein Kostümier war Gainsborough nicht.

Er sah die Landschaft nicht als bloße Kulisse der Person, sondern als wesentlichen Ausdrucksträger. Mrs. Sheridans wehendes Haar und das rauschende Laub über ihr, solche Synthesen von Mensch und Natur machen Gainsborough zu einem Vorläufer der Romantik. Darum hat er auch nie, mit Ausnahme seines Neffen Dupont, einen Assistenten für Hintergründe beschäftigt. Ein lockerer, skizzierender, impressionistischer Pinselstrich verbindet alle Teile des Bildes und gibt ihm jene unvergleichliche, schwebende Atmosphäre. Keiner hat sie besser beschrieben als Constable, Gainsboroughs Nachfolger auf dem Feld der Landschaftsmalerei: »Die Stille des Mittags, die Tiefe des Zwielichts, der perlende Tau des Morgens, das alles findet sich in den Bildern dieses überaus freundlichen und wohlwollenden Mannes. Wenn wir sie betrachten, kommen uns die Tränen, und wir wissen nicht, warum.«

Gainsborough pflegte seine Farben reichlich mit Terpentin zu verdünnen und lasurartig, in subtilen Schichten, aufzutragen. Das gibt seinen Sujets stoffliche Eleganz, seiner Ölmalerei die Leichtigkeit und Transparenz von Aquarellen. Auf Gainsboroughs Bildern finden wir dieselben weichen, pastellartigen Farben und zart geschwungenen Linien wie in den Interieurs seines Zeitgenossen Robert Adam, des Innenarchitekten der Empfindsamkeit. Aber was Gainsboroughs Menschen fühlen, zeigen sie nicht. Wenn ihre Gesichter oft eigentümlich glatt wirken, so fehlt es ihnen doch sowenig an Temperament wie ihrem Portraitisten an Ausdruckskraft. Im Gegenteil, seine Malerei ist der ideale Ausdruck dessen, was Jane Austen den »wahren englischen Stil« nennt, nämlich »unter einer Ruhe, die wie Gleichgültigkeit wirkt, das echte Gefühl zu begraben«.

Beides, das Bedürfnis nach Understatement und den Willen zur Repräsentation, erfüllen die Freilichtportraits auf elementare Weise: Sie verlagern die Geschichte der wahren Empfindungen in die wechselnden Stimmungen der Natur. Darum haben Gainsboroughs Bilder die schillernde Aura von Unnahbarkeit und Intimität. Sie spiegeln schon das neue Lebensgefühl einer Gesellschaft, die aus den Zwängen absolutistischer Hofetikette und französischer Regelgärten hinaustritt ins Freie, in den englischen Garten, in die Epoche des Naturrechts und der Naturpoesie. Gainsboroughs Menschen sind Vorboten des neuen, romantischen Naturbegriffs.

1788 starb Gainsborough in seinem Haus in London an Kehlkopfkrebs. Sein lebenslanger Rivale Reynolds sprach ihm den noblen Nachruf: »Wenn diese Nation jemals ein Genie hervorbringt, das für uns die ehrenvolle Auszeichnung einer Englischen Schule erwirbt, dann wird der Name Gainsborough der Nachwelt, der Geschichte der Kunst, unter den ersten übermittelt werden.«

Der Meister aus Sudbury hinterließ rund 800 Portraits, ein paar hundert Landschaften und beträchtliche Verwirrung auf dem Kunstmarkt. Angesichts vieler Kopien und Fälschungen – Gainsborough signierte selten ein Bild und datierte nur ein einziges – nahm John Hayes, Direktor der National Portrait Gallery, in seinen zweibändigen *Catalogue raisonné* nur 187 unbezweifelbar echte Landschaften auf.

In Gainsboroughs 200. Todesjahr 1988 gab es in England nur eine Reihe kleinerer Ausstellungen. Die *grande parade* fand bereits 1980 statt. Als Gainsboroughs Lords und Ladies damals aus Boston, New York und Malibu, aus den Museen der Welt in der Londoner Tate Gallery zusammenkamen, da verbanden sie sich zum Portrait einer Klasse, zur Retrospektive einstiger britischer Macht. Diese Ausstellung war »*a ceremony of national taste*« (*Time*), die Summe eines vergangenen, aber doch nicht gänzlich verlorenen Lebensgefühls, ein Stück nationaler Identität. Die Präsenz des jungen Lord Henry, des 3. Duke of Buccleuch, auf Gainsboroughs Portrait von 1770 war die Gegenwärtigkeit auch seines Leihgebers, des 9. Herzogs von Buccleuch. Diese historische Kontinuität spürt man stärker noch als in Gainsboroughs Geburtshaus in Sudbury beim Besuch der Herrenhäuser Ostenglands; kaum eines, in dem sie nicht an den Wänden hingen, »*the Gainsboroughs and Lawrences / and some sporting prints of Aunt Florence's*«, wie Noël Coward einmal spöttisch reimte. Rund ein Drittel aller Gainsboroughs sind bis heute in Familienbesitz, trotz hoher Erbschaftssteuern und des vielbeklagten nationalen Kulturausverkaufs.

Gainsborough war indes nicht nur der Portraitist der *enjoying classes*. Er hat auch Bauern, Hirten und Holzfäller gemalt, lebensgroß sogar, Rollenfiguren des einfachen Lebens, jenseits der realen Verhältnisse. *Fancy pictures* nannte er diese Genrebilder im pittoresken Geschmack der Zeit. Für solche Phantasiestücke standen ihm bettelnde Kinder von der Straße Modell; auch Schweine holte er sich ins Atelier. Bauern auf dem Weg zum Markt, auf dem Erntewagen, vor ihrer Hütte im Abendlicht: Landleben aus der Perspektive der Landlords, pastorale Idyllen am Vorabend der agrarischen und industriellen Revolution. Schon Gainsboroughs Zeitgenossen sahen dieses Anglo-Arkadien mit nostalgischen Augen: die ewige Sehnsucht des Bürgers nach dem alternativen Leben.

Was wäre englischer als diese Countryside, diese langen, überschlanken Figuren, diese Ladies in Samt und

Seide, die sich in Gainsboroughs Natur wie im Salon bewegen und in der Gesellschaft so natürlich, wie Rousseau es empfahl. Gainsborough hat das Freilichtportrait nicht erfunden, aber zur Vollendung geführt. Das ist sein Ruhm. Aber er wollte keine Portraits in der Landschaft, er wollte Landschaften ohne Portraits. Das war sein Dilemma.

Wer Gainsboroughs Lebensweg und seinen Bildern folgen will, fährt von Sudbury nach Ipswich. Dort findet er im Museum im Christchurch Park, neben frühen Portraits, auch eine der schönen späten Landschaften Gainsboroughs, *A Country Cart Crossing a Ford*: Bauern im Pferdewagen durchqueren einen Fluß, vielleicht den Stour; am Ufer unter einem hellen, stürmischen Himmel leuchten die Weiden.

The Tate of the West

Die Schule von St. Ives

Kein Museumsdirektor der Britischen Inseln hat ein schöneres Büro als Michael Tooby. Aus dem Fenster der Tate Gallery St. Ives blickt er hinunter auf den weißen Sand von Porthmeor Beach, wo die Surfer gerade ihre Segel setzen. Türkisgrün blinkt die Bucht, weiter draußen in einem tiefen Ultramarin. Manchmal sieht man Delphine übers Wasser springen. Schön und gut, meint Mike, »aber die Post braucht drei Tage von London nach St. Ives.« Im äußersten Zipfel von England, wo die Halbinsel Cornwall ihren Granitfinger weit hinaus in den Atlantik streckt, rund 450 Kilometer westlich von London, kurz vor Land's End liegt das alte Fischerstädtchen St. Ives. Miesmuschelgrau oder weißgetüncht ducken sich die Häuser am Hang. Auf den Schieferdächern schimmert eine gelbgrüne Patina aus Moos und Flechten. *Downalong* heißt das Quartier der Fischer unten am Hafen, ein Gewirr winkliger Gassen und Treppen. Jahrhundertelang fuhren sie mit ihren Schleppnetzbooten hinaus aufs Meer, wenn im Frühsommer die *pilchards* kamen, Sardinen in riesigen Schwärmen. Damals stank es in St. Ives so stark nach Fisch, heißt es, daß die Kirchturmuhr gelegentlich stehenblieb.

Nach der Jahrhundertwende blieben die Sardinenschwärme aus. Doch sorgte die Great Western Railway für Nachschub aus London. Sommerferien in St. Ives: Für Virginia Woolf wird es »die wichtigste aller meiner

Erinnerungen«. Alljährlich zieht ihre Familie in das Haus über der Bucht, mit dem Blick auf Godrevy Lighthouse. In ihrem Roman *Die Fahrt zum Leuchtturm* (1927) läßt Virginia Woolf auch eine Malerin auftreten, Lily Briscoe, die ihre Staffelei im Freien aufstellt. Damals galt St. Ives längst als Englands Barbizon, eine Künstlerkolonie an der wilden Küste von Cornwall.

Seit James Whistler mit seinem Schüler Walter Sickert den Winter 1883 hier verbracht hatte, *»to paint ships and seas and skies«*, kamen immer mehr Maler in den entlegenen Ort, Künstler vom Kontinent, aus Amerika und Australien. Als 1890 ein japanischer Maler am Hafen seine Staffelei aufstellte, bewarfen ihn die Kinder mit Steinen – nicht weil er Japaner war, sondern weil er an einem Sonntag malte. Vieles, was Künstler damals suchten, fanden sie in St. Ives: eine grandiose Natur, dabei doch ein mildes Klima, pittoreske Motive und die Aura des archaischen Lebens. Cornwall, das war King Arthur's Mythenland, ein Stück keltische Küste mit ägäischem Licht. – Das Licht ist der größte Mythos von St. Ives, leuchtend, unbesiegbar auch an grauen Tagen. Als Patrick Heron, der englische Vorläufer der amerikanischen Farbfeldmalerei, einmal einen Diavortrag im New Yorker Museum of Modern Art halten sollte, photographierte er seine Bilder auf der Straße vor seinem Atelier in St. Ives, wegen des intensiven cornischen Lichts. »Great *pictures, Pat*«, lobte ihn sein Malerfreund Barnett Newman, »auf der Straße photographiert, *great idea!*« Das habe er nur des Lichts wegen gemacht, erwiderte Heron, »versuch's doch auch mal, Barney!« – »I *can't do that, Pat, my studio is in Wall Street.*«

Patrick Herons Atelier liegt in Back Road West, direkt am Strand, eines der dreizehn Porthmeor Studios. Im Keller verwahren die Fischer noch ihre Netze, und in den Lagerräumen darüber, wo sie früher ihre Segel trockneten, ziehen die Maler ihre Leinwände auf. Im Sturm ächzen und wanken die alten Holzschuppen wie Boote auf hoher See.

Nicht seine eigenen Bilder zeigt Patrick Heron mir als erstes, sondern die Spuren seines berühmten Vorgängers im Atelier No. 5, Ben Nicholson: die Botschaften an der Tür (*back at 2 pm*), die verblichenen Farbflekken am Fußboden. In einem kleinen Karton verwahrt Patrick die Reliquien des Meisters von St. Ives: Bens Bleistiftstummel (*»his famous 6b pencil«*), ein Stück Marmor, an dem er seinen Bleistift schärfte, ein paar pinkfarbene Heftzwecken und einen kaputten Zirkel. *»Ben was horrible, he was naughty – and wonderful!* Ohne ihn hätte ich nie diesen Raum mit diesem phantastischen Licht. Das hat mein Leben geändert.«

Als Ben Nicholson sein Atelier 1958 Patrick Heron überließ und in die Schweiz zog, hatte er fast zwanzig Jahre in St. Ives gelebt. Dort malte er einige seiner schönsten Bilder, halb Landschaften, halb Stilleben, geometrische Meditationen über den Raum, die Stille und das Licht. »Kein Zweifel, diese Landschaft hier bedeutete ihm alles«, sagt Patrick Heron. »Als Ben später im Tessin lebte, bat er mich, ihm Photos aus Cornwall zu schicken.«

In St. Ives malte Ben Nicholson auch *Aug' 56 (Val d'Orcia)*, für das er den Guggenheim-Preis erhielt. Was das Bild darstelle, fragte General Eisenhower, als er ihm den Scheck überreichte. *»Oh. It's an Italian land-*

scape«, erwiderte Nicholson. Tatsächlich war es ein Stillleben mit Krügen und Karaffen, arrangiert auf seinem Küchentisch in St. Ives, ein Beispiel für Nicholsons Fähigkeit, Anschauung und Abstraktion, Kubismus und Konstruktivismus aufs poetischste zu verbinden.

Bevor 1939 die ersten Bomben auf London fielen, war Ben Nicholson mit seiner Frau, der Bildhauerin Barbara Hepworth, und ihren Drillingen nach St. Ives gezogen. Ein Freund hatte sie eingeladen, in seinem Haus in Carbis Bay zu wohnen. Kurz nach Kriegsausbruch suchte auch der russische Emigrant und ehemalige Bauhauslehrer Naum Gabo Zuflucht in St. Ives. Zusammen mit den Nicholsons, seinen Nachbarn in London, hatte Gabo die Theorien des Konstruktivismus in England verbreitet. Fast wäre es ihnen gelungen, einen weiteren Emigranten aus ihrem Freundeskreis in Hampstead, Piet Mondrian, zur Übersiedlung nach St. Ives zu überreden. Doch Mondrian, heißt es, warf die Münze und entschied sich für New York.

Indes hatte die Avantgarde in St. Ives längst einen einsamen Vorposten, leuchtend wie Godrevy Lighthouse: Bernard Leach, der Guru der modernen Keramik. Mit dem Töpfer Shoji Hamada kam er 1920 aus Japan nach St. Ives und gründete eine Werkstatt, die er fast sechzig Jahre lang führte. Leach verband östliche und westliche Traditionen zu einer Töpferkunst, die Schüler aus aller Welt nach St. Ives lockte. Heute betreibt Leachs Witwe Janet die kleine Werkstatt am Ortsrand, mit nur noch einem Assistenten.

Leach und Gabo, Ben Nicholson und Barbara Hepworth: Mit ihnen gewann St. Ives eine Dimension, die über eine regionale Künstlerkolonie weit hinausreichte. Zu den Einheimischen blieben sie eher auf Distanz. Patrick Heron erinnert sich, wie er einmal mit Ben Nicholson in der *Sloop Inn* am Hafen ein Bier trinken wollte. »*Oh, no!*« wehrte Ben ab, »ich weiß doch gar nicht, wen ich dort treffen könnte!«

Doch gab es einen, den sie alle schätzten, seit Ben Nicholson ihn bei seinem ersten Besuch in St. Ives im August 1928 entdeckt hatte: Alfred Wallis, der große Naive von Cornwall. Wallis war Seefahrer, Fischer, Altwarenhändler und Eisverkäufer. Als er fast siebzig war und seine Frau starb, begann er zu malen, »*for company*«, ohne Ausbildung und höhere Absicht. In seinem Cottage in der Back Road West No. 3 malte Alfred Wallis Häuser, Häfen, Schiffe, mit *real paint*, nämlich Schiffs- und Anstreicherfarbe, auf Holzbrettern oder Pappe oder was sonst gerade da war. Ben Nicholson und die anderen, theoriebeladen, bewunderten diesen einfachen Maler, der sein Leben so intensiv, so selbstverständlich mit der Kunst verband, als sei sie ein Segelschiff und er ein Junge von neun Jahren. Daß Londons Avantgarde ihn pries, hat ihm nicht geholfen. Alfred Wallis starb 1942 im Armenhaus. Auf dem Friedhof am Meer liegt er begraben, gleich neben der neuen Tate Gallery, wo heute seine Bilder hängen.

»*I'll tell you another terrible story*«, sagt Patrick Heron, das unerschöpfliche Gedächtnis von St. Ives. Und erzählt, wie Ben und Barbara sich scheiden ließen, wie Ben Nicholson 1958 mit einer deutschen Journalistin St. Ives verließ und Barbara Hepworth in Trewyn Studio zurückblieb, allein mit ihren Katzen und Skulpturen, immer berühmter mit den Jahren und immer einsamer, bis zu jener Nacht im Mai 1975, als sie bei einem Brand in ihrem Haus ums Leben kam.

Mitten in St. Ives, hinter hohen Granitmauern, liegen Haus und Garten der Bildhauerin. Griffbereit im Atelier ihre Werkzeuge, Meißel, Staubmaske, die Steinblöcke für eine geplante Skulptur. Hier entwarf Barbara Hepworth auch das New Yorker Denkmal für ihren Freund Dag Hammarskjöld, den tödlich verunglückten Generalsekretär der UNO. Cornwall mit seinen Klippen und Buchten, neolithischen Dolmen und Menhiren: Im Dialog mit dieser archaischen, heidnischen Landschaft entwickelte Dame Barbara ihr plastisches Vokabular, bei aller Abstraktion immer an organischen Formen orientiert. Überall in dem üppig wuchernden Garten, zwischen Palmen, Kamelien und Azaleen, stehen ihre Skulpturen, ein intimer Ort der Kreativität.

Seit 1980 wird das Barbara Hepworth Museum von der Londoner Tate Gallery verwaltet, ihre erste Außenstelle, noch vor der Filiale in den Docks von Liverpool. Mit dem Neubau in St. Ives hat die Tate nun ihre dritte Dependance, *The Tate of the West*, eine weitere Entlastung der aus allen Räumen platzenden Londoner Zentrale, zugleich eine Initiative für die Provinz, eine der ärmsten Randregionen des Landes.

Ein Museum direkt am Meer, Konkurrenz für das dänische Louisiana? So spektakulär die neue Tate Gallery liegt, architektonisch bleibt sie so farblos wie Ex-Premierminister Major. Die Londoner Baumeister Eldred Evans und David Shalev haben einen rechteckigen Flügel mit einer zur See hin offenen, gläsernen Eingangsrotunde entworfen, eingezwängt zwischen zwei Häuserreihen. Ein kleines Museum für eine kleine Stadt, mit weißem Verputz, grauen Schieferdächern und Sprossenfenstern der einheimischen Architektur angepaßt: sympathisch bescheiden, gewiß. Doch an diesem windgepeitschten, exponierten Ort vermißt man den kühnen Atem, der auch kleine Häuser groß machen kann. Unübersehbar indes die Vorteile der Tate Gallery am Porthmeor Beach. Dies ist das erste Museum der Britischen Inseln mit einer Spezialgarderobe, wo die Surfer ihre Bretter lassen können, zu einer Kunstpause zwischen Ebbe und Flut. Im Entree empfängt uns eine wahre Farbfanfare, eine Glasmalerei von Patrick Heron. Dieses Museum bietet die unvergleichliche Gelegenheit, Werke der Künstler von St. Ives am Ort ihrer Entstehung zu sehen, die Klassiker ebenso wie ihre Nachfolger: Peter Lanyon, Denis Mitchell, Terry Frost, Roger Hilton, Bryan Wynter, Karl Weschke, um nur einige Namen zu nennen. Keine bloße Schule oder Künstlerkolonie ist hier zu entdecken, sondern eine ganze Kunstregion von europäischem Rang.

Wie auf einem Schiffsdeck genießt man oben im Museumscafé den Blick über Stadt und Meer. Daß dies der populärste Raum seines Hauses werden könnte, mag Michael Tooby nicht ausschließen. Als Kurator der neuen Tate Gallery verfügt er über keine eigene Sammlung, sondern schöpft aus dem Reservoir der Londoner Zentrale, die allein rund 900 Werke der Künstler von St. Ives besitzt. Regelmäßiger Wechsel der Bestände ist Prinzip, der Kunstverschleiß programmiert.

Neben den Höhepunkten der Sammlung will Michael Tooby »unbekannte Aspekte bekannter Künstler« zeigen, zum Beispiel Bilder von Mark Rothko, der St. Ives 1958 besuchte. Zeitgenössische einheimische Künstler sollen ständig mit der Tate in Cornwall zusammenarbeiten. Wird auch Prinz Charles das Museum seines Herzogtums, das er 1993 eröffnete, mit seinen Aquarellen beglücken? »Wir sind auf seine Vorschläge gespannt«, sagt Michael, »aber Gott sei Dank konzentriert er sich darauf, in Schottland zu malen.«

»Natürlich hat die Stadt den Ehrgeiz, so berühmt zu werden wie ihre Künstler«, sagt Karl Weschke. »Aber die St.-Ives-Zeit ist vorbei.« Karl Weschke, in Thüringen geboren, lebt seit seiner Kriegsgefangenschaft in England, seit 1955 in Cornwall. Er hat sie alle noch kennengelernt, Bernard, Ben & Barbara, die Großen von St. Ives, und ist selbst einer von ihnen geworden, ein international erfolgreicher Künstler, und dennoch ein Außenseiter geblieben, eben ein deutscher Maler in St. Ives. Auch Weschkes strenge, dunkle Bilder sind in der neuen Tate Gallery zu sehen: »Nach St. Ives kommen die Touristen, die ihre fetten Bäuche am Strand rösten. Die brauchen hier eine Klinik für ihren Sonnenbrand, doch kein Museum!«

Zu den Baukosten von fast neun Millionen Mark haben viele einheimische Privat- und Geschäftsleute beigetragen, trotz der Rezession. Wie Patrick Heron hoffen die meisten, »daß dieses Museum ein internationales Publikum nach St. Ives bringt, und das kann nur gut sein«. Denn dieser »Goldfischort«, wie Evelyn Waugh St. Ives einmal nannte, »ist in Gefahr, ein drittklassiges Blackpool zu werden«.

Wie andernorts vom Worpswede-Image, so profitieren die Künstler hier vom St.-Ives-Mythos und nun vom neuen Tate-Etikett. Wie viele Künstler gibt es eigentlich in St. Ives? »Zu viele«, meint die Malerin Naomi Frears. »Ein paar hundert«, vermutet Eric Ward, der Hafenmeister. Allein in Back Road West gibt es etwa 25 Ateliers und fünf Galerien. Ganz zu schweigen von der Konkurrenz aus Fernost, der Billigmalerei *made in Taiwan*. Wenn Eric Ward nicht gerade Surfer aus dem Atlantik fischt, denn er ist auch Steuermann des Rettungsbootes, dann steht der ehemalige Fischer an der Staffelei und malt: Landschaften, Portraits, vor allem Akte. »Aktmalerei ist schwer an die Touristen zu verkaufen«, sagt er, »aber sehr befriedigend.«

Eric Ward hat das Künstlerhandwerk bei seinem Freund Roy Ray gelernt. Roy ist eine Institution in St. Ives, fast so angesehen wie der Hafenmeister. Roy leitet die School of Painting. In seiner Dachbodenakademie in Back Road West unterweist er an diesem Vormittag ein Dutzend Amateurmaler in der Kunst des Portraitierens. *»It's raining inside«*, meldet eine Hausfrau aus Australien, auf *painting holidays* in England. »Ja«, bestätigt Roy, »gelegentlich regnet es rein.« Auch das gehört zu St. Ives, wie das legendäre Licht.

Jeden Mittwochabend treffen sich Eric, Roy und ihre Künstlerfreunde in der School of Painting. »Wir malen Akt nach einem Modell, und danach geht's in die *Sloop Inn*.« Und weil der Kneipenwirt Maurice Symons weiß, was er dem Ruf von St. Ives schuldig ist, spendiert er jeden Mittwochabend »eine Runde Pizza für die armen Künstler«.

Die Schwestern Brontë

Ein Besuch in Haworth

Ouh, sagt die Zöllnerin am Flughafen London-Heathrow, und dann noch einmal: *Ouh!* Solchen vergleichsweise heftigen Gefühlsausbruch mitten in den Amtsgeschäften hat kein Kokainfund ausgelöst, sondern die Angabe meines Reiseziels. Beim Stichwort »Brontë« leuchten die Augen der englischen Zollbeamtin, ich brauche meinen Koffer nicht zu öffnen, sie wünscht gute Reise und wäre wohl am liebsten mitgefahren: nach Haworth ins *Brontë Country*.

Ein Dorf in Yorkshire, westlich der Industriestädte Leeds und Bradford. Rund 6000 Einwohner, über 13 Prozent Arbeitslose, mehr als 40 inches Regen im Jahr: Das ist Haworth, nicht unbedingt ein Ferienparadies. Im Tal die alten Textilfabriken, steingraue Weberhäuser am Hang und dahinter die *Wuthering Heights*, die Sturmhöhen, das Moor.

Dies ist, nächst Shakespeares Stratford, die populärste literarische Wallfahrtsstätte der Nation. Haworth ist der Ort der taubengrauen Schwestern, wie Arno Schmidt sie nannte, »diese 4, unheimlich begabten, spitzfindigen: spinnfitzigen, merkwürdigsten Kinder« des Landpfarrers Patrick Brontë.

Sie hießen Charlotte, Emily, Anne und Branwell. Sie schrieben, seit sie eine Feder halten konnten, phantastische Geschichten in winziger Kinderschrift. Sie schrieben Romane voller Leidenschaften. Skandalerfolge der viktorianischen Gesellschaft. Joyce lobte sie. Balthus illustrierte sie, Hollywood verfilmte sie. Groß war die transatlantische Rührung, und auch die Herzogin von Windsor, heißt es, weinte. Roland Petit widmete ihnen ein Ballett, Kate Bush einen Popsong, Sylvia Plath ein Gedicht, Ulla Hahn eine Buchbesprechung in der *Frankfurter Allgemeinen Zeitung*.

Anglisten, Touristen, Feministinnen: Seit Generationen folgen sie den Spuren der Brontës, ohne ihnen ernstlich zu schaden. So zerbrechlich die Geschwister von Natur aus waren, so unverwüstlich scheinen ihre Bücher. Ihr schönster, traurigster Roman aber sind sie selbst: das Leben der Brontës, Liebe und Tod in einem Dorf im Yorkshire Moor. Es ist diese unwiderstehliche Mischung aus erfolgreicher Literatur und gescheitertem Leben, die alljährlich Hunderttausende nach Haworth treibt. Was sie dort finden, ist freilich nicht immer das, was sie suchen.

Ich gehe die steile Main Street hinauf, über bucklige Steine, zur Kirche und zum Pfarrhaus der Brontës. Wie alle Pilgerstraßen ist auch diese mit Souvenirläden gepflastert. Von Handtüchern, Tellern, Schlüsselanhängern, zwischen Plüschtieren und Weberschiffchen, überall fixieren mich die kodachromen Augen der Brontës.

Im *Heathcliff Cottage*, benannt nach dem Helden der *Sturmhöhe*, gibt es »Bed & Breakfast«, im *Land of Gondal* Teddybären, im *White Lion Hotel* gar Brontë-Eintopf. »Im Sommer«, sagt ein Einheimischer, »geht es hier zu wie am Piccadilly Circus. Man kommt nicht aus seiner eigenen Haustür heraus.« Haworth heute: der Alptraum der taubengrauen Schwestern.

In der Kirche teilt sich der Besucherstrom. Die einen wollen einfach nur auf dem *Brontë Way* hinaus in die Heide, in die reine Sturmhöhenluft; die anderen, die es genauer nehmen mit ihrer Verehrung, gehen ins *Brontë Parsonage*. Das Pfarrhaus, seit über sechzig Jahren als Museum zu besichtigen, ist im Kern unverändert: zweistöckig, aus graubraunem Sandstein, mit schweren Steinplatten gedeckt, schlicht und solide gebaut wie alle Häuser in dieser unwirtlichen Gegend. Hier also zog der Reverend Patrick Brontë im April 1820 ein, mit seiner Frau und sechs Kindern.

Wie trostlos muß der Blick aus den hohen Sprossenfenstern des Pastorats gewesen sein, damals, als noch keine Bäume auf dem Friedhof wuchsen: nur Grabsteine ringsum, in dichten Reihen bis ans Haus. Und nach Westen der Blick aufs Moor, das gleich hinter dem Haus begann: kahl, baumlos und den Brontë-Geschwistern so natürlich wie die Nähe der Toten.

»*How short is life / How soon comes death*«, heißt es auf einem der Grabsteine. In Haworth, um 1820, ist das Leben besonders kurz. Die hygienischen Verhältnisse stinken zum Himmel. Die Abwässer der Häuser werden in offenen Gräben abgeleitet, das Trinkwasser ist zum Teil vom Friedhof verseucht. Mit diesem »Leichenwasser« braut der Wirt vom *Black Bull* sein Bier, und ein Stammgast wundert sich: »*There's no body in it*« – ein makabres Wortspiel, das die Einheimischen noch heute gern zum besten geben. Damals beträgt die durchschnittliche Lebenserwartung in Haworth 26 Jahre. Rund 41 Prozent aller Kinder sterben dort vor ihrem sechsten Geburtstag, kaum anders als in den Londoner

Slums. Auch im Haus der Brontës sitzt der Tod am Familientisch.

Ein Jahr nach ihrem Einzug stirbt die Mutter. Ihre Schwester, *Aunt Elizabeth*, übernimmt den Haushalt des verwitweten Pfarrers und seiner sechs Kinder. Wenig später sterben die ältesten Töchter, zehn- und elfjährig, kurz hintereinander an Tuberkulose. Um so enger rücken die überlebenden Geschwister zusammen. Und sie erfinden ein Spiel, mit dem sie die Ängste und Einsamkeiten der Kindheit bannen, die Enge des Pfarrhauses überwinden: Schreibend entwerfen sie ihre eigenen Himmel und Höllen, ihr Traumreich »Angria und Gondal«.

Mit zwölf Holzsoldaten, die der Pfarrer seinem Sohn zum Geburtstag schenkt, beginnen die Kinder ihr Rollenspiel: abenteuerliche Reisen, die sie sich erzählen, aufschreiben und ausmalen, mit immer neuen Fortsetzungen und Verwicklungen, so real und so phantastisch wie die Geschichten der Bibel, Shakespeares Dramen und die königlich-britischen Zeitungsmeldungen. Da treten bekannte politische Haudegen auf wie Napoleon oder der Herzog von Wellington. Die Idole der Pfarrerskinder heißen Sneaky, Rogue, Zamorna, strahlende Schurken und Verführer. Sie entwerfen eine märchenhafte Stadt, *Glass Town*, mit einem »Turm aller Nationen«. Die Glasstadt wird Zentrum von Angria, verwaltet von Charlotte und Branwell; Emily und Anne regieren in Gondal – Großreiche kindlicher Phantasie und englischer Couleur.

Wie Inkunabeln werden einige dieser frühen Schreibversuche der Brontës im Museum von Haworth gehütet:

winzige Heftchen, die sie zu Hunderten produzierten, in Tütenpapier eingenäht, etwa vier mal sechs Zentimeter große Miniaturbücher, mit winzigen Buchstaben eng beschrieben. Es ist, als begegneten wir den verschütteten, verschlüsselten Träumen der eigenen Kindheit. Über die Vitrinen von Haworth gebeugt, entziffern die Besucher geduldig vergilbte Blätter. Montag, 24. November 1834: Mit der Genauigkeit surrealer Collagen berichtet die 16jährige Emily vom Taubenfüttern, von der Kandidatur Sir Robert Peels und von ihrer Haushälterin Tabitha: »Tabby sagte gerade: ›Komm, Anne, pell die Kartoffeln.‹ Tante ist in diesem Augenblick in die Küche gekommen und sagte: ›Wo hast du deine Füße, Anne?‹ Anne antwortete: ›Auf dem Boden, Tante ...‹ Die Gondals erforschen das Innere von Gaaldine, Sally Mosley wäscht in der hinteren Küche.«

»Angria und Gondal« ist der Anfang einer literarischen Familienwerkstatt ohnegleichen. Noch Jahre später, auch als sie getrennt sind, in Briefen und Tagebüchern führen die Brontës das Spiel ihrer Kindheit fort. Schreiben als Flucht aus einer öden Realität in die Wonnen der Imagination: »Welch ein Privileg ist der Tagtraum! Ich bin dankbar für die Kraft, mich mit der Erschaffung von Träumen trösten zu können, deren Wirklichkeit ich niemals sehen soll«, notiert Charlotte in ihr Tagebuch, deprimiert vom Schulalltag in Roe Head.

Seine Töchter schickt der Reverend Brontë in mehr oder weniger gräßliche Pensionate, seinen einzigen Sohn unterrichtet er selbst. Branwell gilt als Genie, die große Hoffnung der Familie. Aber Branwell ist ein Versager, das schwarze Schaf im Kreis der taubengrauen Schwestern. Was er auch anfängt, Schriftsteller, Portraitmaler, Hauslehrer, Stationsvorsteher: Er scheitert mit allem. Jedesmal kehrt er ins Elternhaus zurück und, klagt die strenge Charlotte, »führt vor Papa ein elendes Stück Leben auf«. Branwell trinkt immer haltloser, Bier und Laudanum, die Modedroge der Viktorianer. Mit 31 ist er tot.

Der Bruder, der sich selbst auslöscht: Auf seinem berühmten Dreierportrait der Schwestern hat Branwell sein Konterfei übermalt. Seltsam anrührend ist dieses Bild, als zeige seine stilistische Hilflosigkeit auch die hilflose Seelenlage der Schwestern: drei Mädchen aus der Provinz, mit Schultertuch und Matrosenkleidern, die Haare gekräuselt, die Augen starr und ernst, längst brüchig die achtlos gefaltete Leinwand: »Man möchte immer wieder ein bißchen weinen, wenn man vor ihr steht«, schreibt Elsemarie Maletzke in ihrer Biographie, ein gänzlich unsentimentales, sorgsam recherchiertes Familienpanorama der Brontës.

Drei Schwestern: Charlotte, die älteste, Chronistin der Familie, literarisch die ehrgeizigste, ungewöhnlich klein, keine Schönheit, um so empfindlicher und zerquält in ihren Leidenschaften. Emily, die Schwierige, Ungesellige, die sich mit Tieren besser als mit Menschen versteht, die immer wieder allein hinausstürmt ins Moor, die Elementare, schon von Charlotte zu einer »Enkelin der Titanen« stilisiert. Und Anne, die jüngste, lebenstüchtigste von allen, sanft, bescheiden, bis heute im Schatten der anderen. »*Poor* Anne«, sagt Juliet Barker, Kuratorin des Brontë-Museums, »dabei ist ihre *Herrin von Wildfell Hall* einer der großen Romane der englischen Literatur.«

In einer der Vitrinen des Museums liegt ein Blatt aus Emilys Tagebuch aus dem Jahre 1837, dem Krönungsjahr Queen Victorias. Mitten im Text eine Federzeichnung: zwei Mädchen in langen Röcken und weiten Keulenärmeln, Emily und Anne, schreibend am großen Wohnzimmertisch des Pastorats.

So wie an jenem Montagabend im Juni 1837 war es immer an den langen Abenden in Haworth. Gegen neun geht der alte Brontë zu Bett, verriegelt die Haustür, ermahnt die Töchter, nicht zu lange aufzubleiben, und auf dem Weg nach oben in sein Schlafzimmer zieht der Reverend die große Standuhr auf, die noch heute auf halber Höhe im Treppenhaus steht. Für die Töchter beginnen nun die schönsten Stunden des Tages, die Wanderungen um den Wohnzimmertisch, Arm in Arm, fabulierend, diskutierend. So kommen sie in die rechte Stimmung zum Schreiben.

Wir müssen das Kaminfeuer nicht knistern, den Sturm nicht ums Haus heulen lassen, um die abendliche Wohnstubenidylle als das zu verstehen, was sie tatsächlich war: die verklärte Kehrseite dürftiger Verhältnisse. Die drei schreibenden Schwestern hatten nicht einmal ein Zimmer für sich allein, nur eine winzige Kammer, zwei mal drei Meter, ohne Kamin. »Hier sitzen sie auf ihren Faltbetten, auch im Sommer mit einem Tuch über den Schultern, und auf den Knien die kleinen Kastenpulte aus Rosenholz« – so sieht Elsemarie Maletzke in ihrer Biographie die Lage der Brontës.

Schreiben wollen die drei, nur schreiben. Aber davon leben? Unter den wenigen Berufen für Frauen im frühen 19. Jahrhundert scheint den Schwestern die Stellung einer Gouvernante am erträglichsten. Ein Irrtum, wie Charlotte bald erkennt, als Lehrerin in Mrs. Woolers Mädchenpensionat: »Werde ich die beste Zeit meines Lebens in dieser elenden Sklaverei verbringen müssen, gezwungen, meine Wut über die Faulheit, die Stumpfheit und die unbeschreibliche, abgrundtiefe Dummheit dieser dämlichen Hornochsen zu unterdrücken ...?« Die pädagogischen Versuche der Brontës sind mal längere, mal kürzere, immer qualvolle Exkurse ins Leben. Qualvoll sicher auch für ihre Schüler.

Um sich jene höhere, kontinentale Bildung anzueignen, die ihnen zur Gründung einer eigenen Schule nützlich scheint, reisen Charlotte und Emily 1842 nach Brüssel. Im *Pensionat des Demoiselles* bekommt Emily bald Heimweh, und Charlotte (»ich bin nicht aus Stein«) verliebt sich. Ausgerechnet in Monsieur Heger, Ehemann der Direktorin. Der antwortet später nicht einmal auf ihre Briefe, flehentliche, verzweifelte Briefe aus der Einsamkeit von Haworth.

»Was heftige Leidenschaft betrifft, bin ich überzeugt, daß sie kein wünschenswertes Gefühl ist«, hatte Charlotte schon zwei Jahre zuvor, ganz viktorianische Pfarrerstochter, ihrer Freundin Ellen geschrieben. »Wenn eine Frau jemals so sehr liebt, daß ein rauhes Wort oder ein kalter Blick ihr ins Herz schneidet, ist sie eine Närrin.« Bittere Briefe über die Liebe. Gescheitert auch der Plan, eine eigene Schule zu gründen. Schwarze Wochen in Haworth. »Ein Tag gleicht dem anderen – und alle haben stumpfsinnige, leblose Gesichter«, schreibt Charlotte ihrer Freundin. »Ich habe das Gefühl, als seien wir alle hier begraben.«

Ein unscheinbarer Zettel in einer der Vitrinen des Museums signalisiert die Wende im kurzen Leben der Brontës: das einzige erhaltene Autogramm von Currer, Ellis und Acton Bell. Unter diesem Pseudonym, den Anfangsbuchstaben ihrer Namen entsprechend, veröffentlichen Charlotte, Emily und Anne 1846 in London ihr erstes Buch, einen Gedichtband. Tausend Exemplare lassen sie drucken, auf eigene Kosten; verkauft werden zwei.

Die Brontës wußten schon, warum sie sich männliche Pseudonyme zulegten, nicht anders als ihre Kolleginnen George Sand und George Eliot. Schreibende Frauen, fand ein Kritiker damals, gebe es allzu viele: »Kommt es diesen köstlichen Wesen nie in den Sinn, daß ihre kleinen Finger geschaffen wurden, damit sie geküßt und nicht mit Tinte beschmiert werden? Gibt es da keine Ehemänner, Liebhaber, Brüder, Freunde, sie zu herzen und zu trösten? Gibt es da keine Strümpfe zu stopfen, keine Beutel zu nähen, keine Hosenträger zu besticken? Meine Vorstellung von einer perfekten Frau ist die: Sie kann schreiben, aber sie tut es nicht.«

Die drei schlimmen Schwestern freilich tun es mit Vergnügen. Kurz nach ihrem mißglückten Debüt schaffen Currer, Ellis und Acton Bell den Durchbruch: drei Romane in einem Jahr, von Charlotte *Jane Eyre*, von Emily *Wuthering Heights*, von Anne *Agnes Grey*. Das Publikum ist entzückt, verwirrt, schockiert. Hier wird nicht à la mode von Frauenschicksalen erzählt, hier bestimmen Frauen selbst ihr Schicksal, einfache Frauen, die auf ihren Wünschen und Leidenschaften bestehen, ihre Fähigkeiten verwirklichen, gleiche Bildungschancen fordern, gleichberechtigte Partnerschaft – lauter Unerhörtheiten, damals. Noch bevor die Suffragetten marschieren, blasen ihnen drei Pfarrerstöchter den Marsch. Queen Victorias Moralapostel sind, natürlich, *not amused.*

»Frauen gelten im allgemeinen als ruhig und sanft, aber sie fühlen nicht anders als Männer«, sagt Charlottes Jane Eyre, die Gouvernante, die ihren adligen Arbeitgeber liebt. Ein Jahr und einen Roman später rüttelt die sanfte Anne an den Grundfesten des Systems: »Sie möchten, daß wir unsere Söhne ermutigen, sich durch eigene Erfahrung zu beweisen, während unsere Töchter nicht einmal aus den Erfahrungen anderer Gewinn ziehen sollen.« Ungleiche Erziehung, Doppelmoral: Annes Heldin Helen, *Die Herrin von Wildfell Hall*, geht mit ihrem kleinen Sohn allein ihren Weg als Künstlerin, nachdem sie den brutalen Ehemann verlassen hat – eine Schlüsselszene, klassisch zusammengefaßt von einer englischen Kritikerin: »Das Knallen der Schlafzimmertür, die Helen Huntingdon vor ihrem Mann zuschlug, hallte durch das ganze viktorianische England.«

Das alles hat, so oder so, eine Moral. Vor Emilys *Sturmhöhe* aber graut es selbst den Schwestern. Da ist nur Leidenschaft, wild und tückisch wie das Moor. Rasende Leidenschaft, die alle zerstört: Catherine und Heathcliff und ihre Familien. Ein Totentanz von Haß und Liebe und Gewalt. »Ein Teufel von einem Buch«, urteilt Rossetti, präraffaelitischer Freigeist, »ein unglaubliches Monster – es spielt in der Hölle –, nur daß die Orte und Personen dort englische Namen tragen.« Heute gehört Emily Brontë zum Kanon der Schullektüre, des Kinos und der Frauenbewegung. »Ich möchte, daß wir sie lesen, wenn wir über Rasse und Geschlecht und Revolution nachdenken; wenn wir über Fragen der Gewalt und des Sadismus diskutieren«, schrieb die Autorin Andrea Dworkin.

Haworth, 1848: Endlich haben die Schwestern Erfolg. Da beginnt das große Sterben. Mit 30 stirbt Emily an Schwindsucht, drei Monate nach Branwells Tod. Als Emily begraben wird, spuckt Anne bereits Blut. Zum Sterben fährt sie noch einmal ans Meer. In den Vitrinen von Haworth liegen die bunten Steine, die sie am Strand von Scarborough sammelte.

Charlottes wachsender Ruhm ist kein Trost. Von ihren Ausflügen nach London kehrt sie immer wieder ins Pfarrhaus zurück, in »Totenstille und Einsamkeit«. Schließlich, gegen den Willen des Vaters, heiratet sie seinen Hilfsgeistlichen, den biederen Mr. Nicholls. »Was mir an Glück zu schmecken vergönnt sein wird, ist von der nüchternsten Sorte«, schreibt Charlotte an ihre Freundin Ellen. »Gottes Wille geschehe! Wahrlich, wahrlich, Nell, es ist eine ernste und seltsame und gefährliche Sache für eine Frau, Ehefrau zu werden.« Ach, Charlotte Nicholls! Man möchte lachen, wäre es nicht zum Weinen.

Neun Monate nach ihrer Hochzeit stirbt auch Charlotte an Schwindsucht. Nun hat der alte Reverend Brontë, in seiner weißen Seidenkrawatte wie eine Mumie eingeschnürt, alle seine Kinder überlebt. Als nach seinem Tod 1861 der Haushalt der Brontës versteigert wird, sichern sich viele Einheimische Erinnerungsstücke der berühmten Schwestern. Ein amerikanischer Souvenirjäger erbeutet wenig später ein halbes Fenster von Charlottes Schlafzimmer. Angesichts solcher Formen der Verehrung verfügt der Witwer, nach seinem Tod Charlottes Hochzeitskleid zu verbrennen.

Wie dann doch noch, zur stillen Freude ihrer Fans, wenigstens Charlottes Brautschleier in den Reliquienkammern von Haworth landete, kann Eunice Skirrow mir genau erklären, denn sie ist Ehrensekretärin der *Brontë Society* und, was noch mehr zählt, Urgroßnichte von Martha Brown, der treuen Dienerin der Brontës. Martha, sagt Eunice, habe das gute Stück geerbt, eine ihrer Verwandten es noch 1952 bei der eigenen Hochzeit getragen, und jetzt sei es wieder »hier, wo es hingehört«.

Gegen allerlei »romantischen Unsinn« ist die junge Kuratorin des Brontë-Museums angetreten. Indes kann sich auch Juliet Barker, Spezialistin für das Turnierwesen im Mittelalter, dem Reliquienkult von Haworth nicht ganz entziehen. Das Sofa, auf dem Emily starb, erklärt sie, »hat Charlotte erst nach Emilys Tod angeschafft«. Trotzdem bleibt die gutgepolsterte Legende stehen, und die Besucher sind gerührt.

Rund 200 000 Neugierige drängen sich alljährlich durchs Haus der scheuen Schwestern. Ein Erweiterungsbau soll Entlastung schaffen. Schon kommen die Fans aus Fernost: Die Chinesen brachten eine Neuausgabe der Brontës heraus, und die Japaner haben *Wuthering Heights* verfilmt, »mit Massenvergewaltigungen«, berichtet Mrs. Barker. Schon hängen in Haworth »Bed & Breakfast«-Schilder auf Japanisch. Und seit Jahren schickt eine Japanerin Tulpen zu Emilys Geburtstag.

Zu den rund 3000 Mitgliedern der *Brontë Society* gehören Akademiker, Hausfrauen, Daphne du Maurier und

Australier. Ein Pakistani betreibt in Haworth die *Brontë-Taxis.* Es gibt einen Brontë-Friseur, einen Brontë-Video-Shop, Brontë-Einlegesohlen. Zum Frühstück ins *Three Sisters*, Mittagessen im *Wuthering Heights*, Yorkshire Bitter im *Black Bull*, Branwells Stammkneipe – alles, nur nie zum Dinner ins *Brontë Hotel*!

Schönster Irrweg aller Brontëphilen ist der *Brontë Way.* An einem klaren Herbsttag bin ich dem Pfad mit den gelben Pfeilen gefolgt, hinterm Pfarrhaus hinauf ins Moor, Emilys Lieblingsweg, heißt es. »*I'll walk where my own nature would be leading*«, beginnt eines ihrer Gedichte, »*where the grey flocks in ferny glades are feeding; / where the wild wind blows on the mountain side.*«

Vom Wind profitieren inzwischen die Surfer auf der Talsperre am Penistone Hill. An der unvermeidlichen *Brontë Bridge* rieselt kümmerlich der *Brontë Waterfall.* Hat man die Touristenmeile erst hinter sich, beginnen die endlosen, baumlosen Hügel des Yorkshire Moors. Binsen, Wollgras, rostbrauner Farn. Swaledale-Schafe, schwarzköpfig, mit bizarr gedrehten Hörnern. Bröckelnde Feldsteinmauern, ab und zu ein verfallenes Bauernhaus. Nur zwei Dinge gibt es hier im Überfluß: Wind und Regen. Das sind die *Wuthering Heights*: »Im Winter – nichts Trostloseres; doch nichts Göttlicheres im Sommer als diese zwischen Hügeln eingebetteten Talstreifen und diese steilen kühnen Hügelschwellen voller Heidekraut.«

Irgendwo am Weg weht eine rote Fahne: *Shooting today.* Wanderer, zieh den Kopf ein, die Jäger sind los. Über den Hügelkamm sehe ich sie kommen, die lange

Reihe der Treiber. In Tweed und Gummistiefeln staksen sie durchs Heidekraut, fuchteln mit Stöcken in der Luft, an denen Stanniolstreifen knattern. So scheuchen sie die Moorhühner hoch, die Delikatesse der Gegend, *Yorkshire Grouse*. Der Wanderer auf dem *Brontë Way* aber, Arno Schmidt im Rucksack, denkt an Emily: »weitgebärdigschlaksig; die Röcke hingen an ihr herab, wie an einer Vogelscheuche: schön vor lauter Häßlichkeit, storchte sie übers Moor; kranichte durch Pfützen; reiherte ins Röhricht.«

Nur *Keeper* begleitete sie auf ihren Gängen durchs Moor, Emilys riesiger Mastiff, der bei ihrer Beerdigung der Trauergemeinde voranging. »Aus der schwarzen Senke an einem fahlen Hügelhang konnte ihr Geist ein Paradies schaffen«, schrieb Charlotte später über Emily. »In der öden Einsamkeit fand sie viele geliebte Freuden; und die größte und stärkste von allen war – Freiheit. Freiheit war Emilys Atem; ohne sie mußte sie vergehen.« In diesem spröden Paradies entfaltet Emilys Outsider Heathcliff sein höllisches Wesen. Seinen Wohnsitz nannte sie *Wuthering Heights*.

Wo liegt *Wuthering Heights*? Für Brontëphile ist diese Frage so abwegig und so verlockend wie die Suche nach Stevensons Schatzinsel. Die literarisch-touristische Mythenindustrie hat sich, mehr oder weniger, auf einen Schauplatz geeinigt, und wer einmal auf dem *Brontë Way* wandert, kommt früher oder später dorthin: *Top Withens* im Haworth Moor.

Ein verfallenes einsames Bauernhaus am Hang, ein banales Cottage mit Panoramablick: Das soll das Vorbild sein für Wuthering Heights, Heathcliffs Herrenhaus?

Da steht man dann wie ein Swaledale-Schaf vor dem Taubenschlag. Nicht einmal Ruinenromantik stellt sich ein. Weil die Fans immer wieder Steine aus dem windigen Bau als Souvenir mitgenommen haben, sind die Fugen nun steril verputzt, der Mauerrand glatt betoniert. »Wie eine öffentliche Bedürfnisanstalt«, sagt Juliet vom Brontë-Museum. »Manche Leute geben sich unendliche Mühe, um die Ähnlichkeit mit *Wuthering Heigths* nachzuweisen.« Die *Brontë Society*, alljährlichen Kaffeefahrten auf den Spuren der drei Schwestern durchaus zugetan, distanziert sich bei Top Withens mit einer Tafel deutlich von dem populären Postkartenmotiv. Authentisch *wuthert* nur der Wind, ein böser Wind aus Nordwest, »scharf wie ein Messer mit zwei Schneiden«.

Fast 15 Kilometer lang ist der *Brontë Way*. Der Vater der Sisters, irische Kraftnatur, Reverend Patrick schaffte am Tag oft mehr als das Doppelte, denn seine Schäfchen wohnten weitverstreut im Sprengel. Ich mache auf halbem Weg kehrt. Zurück nach Stanbury, in ein graues Haus in den Hügeln. Brenda Taylor, Besitzerin von *Ponden Hall*, vermietet ein paar Zimmer an Urlauber: »Wir haben kein Fernsehen, aber Bücher, Spiele und ein Klavier.« Unter Brontëphilen gilt dieser elisabethanische Gutshof drei Meilen westlich von Haworth als Vorbild für *Thrushcross Grange*, das Haus der Lintons in *Wuthering Heights*.

Ich bin nicht der einzige Gast an diesem Abend, an der langen Tafel von *Ponden Hall*. Man spricht vom Wetter, vom Wandern im Moor. »Wir trainieren für den *Pennine Way*, die 250-Meilen-Tour«, sagt Catherine, Studentin aus Oxford. »Oh, Catherine heißen Sie?« Meine

Nachbarin ist entzückt: »Wie das Mädchen in *Wuthering Heights*. Catherine Linton, und das in diesem Haus!« Schon deklamiert sie die gespenstische Szene, Mr. Lockwoods Alptraum: *»Let me in, let me in!«* Wie eine eiskalte Hand nachts am Fenster erscheint und seinen Arm umklammert: »Laß mich hinein, laß mich hinein«, fleht die tote Cathy: »Ich bin wieder da, ich hatte mich im Moor verirrt!«

Natürlich wissen wir alle in *Ponden Hall*, wie es weitergeht. Wie der arme Mr. Lockwood vor Grauen fast wahnsinnig wird, wie die Angst ihn grausam macht: »Da es zwecklos schien, das Geschöpf abzuschütteln, zog ich sein Handgelenk an das zerbrochene Glas und rieb es hin und her, bis das Blut herunterrann und die Bettücher befleckte.«

Catherine, die Oxford-Studentin, schläft in der ehemaligen Bibliothek von *Ponden Hall*. »Schließen Sie die Fenster gut, da geht Emily um.« Emily Brontë, weiß einer in der Runde, sei oft von Haworth über die Heide hierhergekommen, um sich Bücher aus der Bibliothek der Heatons auszuleihen. »Schon möglich, aber dafür gibt es keinerlei Beweise«, sage ich. »Die Kuratorin des Brontë-Museums jedenfalls behauptet, *Ponden Hall* habe nichts mit *Wuthering Heights* zu tun.« Da blickt mich meine Nachbarin entrüstet an: »*We love our legends!* Das lassen wir uns nicht nehmen.«

Nein, sagt unsere Wirtin am nächsten Morgen, sie sei kein Fan der Brontës. Auf dem Küchentisch sitzt ihre graue Katze. Sie heißt Tabitha. Wie die Köchin der Brontës.

Dylan Thomas in Wales

Dichter unter dem Milchwald

Fangen wir im Mermaid an, draußen in Mumbles. *Welsh Bitter, please.* Laß sie ruhig sagen, das alte Klischee: Dylan Thomas, Dichter und Säufer, der sich als junger Reporter in Swansea rühmte, wenigstens viermal die Woche betrunken zu sein, und der seinem Image treu blieb bis zum Ende, 1953 in New York: »Ich habe 18 Gläser Whisky pur getrunken. Ich glaube, das ist der Rekord.«

Poor Dylan. Und nun treffen wir uns hier in deinem Pub in Mumbles in der *Mermaid*-Bar, die heute *Dylan's Tavern* heißt. Da hängst du gerahmt an der Wand, verstummter Stammgast, wie immer die Woodbine im Mundwinkel, Kettenraucher mit Engelslocken, Knollennase und dicken Lippen. Du siehst auf diesen Fotos genauso aus, wie deine Freunde dich in Erinnerung haben: wie ein ungemachtes Bett. Und da draußen, blau wie nie, liegt Swansea Bay. Deine Stadt, deine Bucht, deine »doppelzüngige See«: walisisch und englisch, Sandstrände und Stahlindustrie, Kohletäler und Countryside. Mumbles, ein Blick aufs Meer. Aber die Bahn ist weg: Mumbles Railway von 1807, erst mit Pferden, später mit Dampf, dann elektrisch und jetzt gar nicht mehr betrieben. Wie oft war er mit den roten Doppeldecker-Waggons hinausgefahren, am Ufer entlang, bis Oystermouth und Mumbles Head. Auch diese Bilderbuchstrecke werden die Eisenbahnfans eines Tages restaurieren, und die Wagen werden gewiß »Willy Nilly« und »Polly Garter« heißen, und die Kinder werden nach einer Möwe spucken, denn das bringt Glück. Dylans Swansea ist ein Ort der Nostalgie, so von Kindheitserinnerungen durchweht wie wenige Orte. Eine Stadt auf sieben Hügeln. »Man muß ein Bergsteiger sein, um in Swansea zu leben.« Ich gehe eine steile, zungenbrecherische Straße hinauf: Cwmdonkin Drive. Uplands heißt dieses Viertel. Kleine Häuser, kleine Vorgärten, Middleclass mit dem Geruch von Fisch und Bratkartoffeln. In dieser »selbstgefälligen, behaglichen, säuberlichen, mittelmäßig wohlhabenden Vorstadt« wurde Dylan Marlais Thomas 1914 geboren: No. 5 Cwmdonkin Drive. Beide Eltern sprachen noch walisisch zu Hause, Dylan Thomas nicht mehr. Der Vater, Englischlehrer, gab ihm Unterricht, damit er seinen Waliser Akzent loswürde. Trotzdem war er stolz darauf, Waliser zu sein: Den keltischen Vornamen Dylan fand sein Vater im *Mabinogion*, wo der goldgelockte Sohn des Magierkönigs Math »Dylan Eil Ton« genannt wird, »Sohn der Meereswoge«.

Diese Ambivalenz des anglisierten Walisers prägte sein Leben. Wie sein irisches Vorbild James Joyce schöpfte auch Dylan Thomas aus der Klang- und Bilderfülle der keltischen Tradition. Es war das »Cynghanedd«, der hymnische, alliterationsreiche Redefluß der Barden und Prediger, was ihn von früh an beeinflußte: *»The great rhythms had rolled over me from the Welsh pulpits«*, jeden Sonntag von der Kanzel der Paraclete Congregational Church in Newton/Mumbles. Im Klang der Wörter sprach die Welt zu ihm: *»the shape and shade and size and noise of the words as they hummed, strummed,* *gigged and galloped along*«. Nicht umsonst nannte er *Under Milk Wood (Unter dem Milchwald)* ein »Spiel für Stimmen«.

Das Geburtshaus von Dylan Thomas wird heute von einem Privatmann an zahlungskräftige Feriengäste vermietet. Vom Erkerfenster im ersten Stock blickt man weit über Stadt und Bucht. Gleich um die Ecke aber liegt Dylans verlorenes Paradies, Cwmdonkin Park, »eine Welt in der Welt der Seestadt ... voll von Schrekken und voll von Schätzen«. Der kleine gußeiserne Brunnen, der Bucklige auf der Bank, erste Küsse und »das erste langsame Kochen im Bauch, wenn ein schlechtes Gedicht entstand«.

Das Poetische mit dem Praktischen verbindend, hat die Stadtverwaltung hier zum Ruhme des Dichters und gegen den Regen eine »Dylan-Thomas-Gedächtnishütte« errichtet, anstelle des alten Orchesterpavillons. Wohin mit Versen, die unsterblich sind? Vergrabt sie nicht in Büchern, schreibt sie auf Wände, ritzt sie in Steine am Wegrand, so wie hier im Cwmdonkin Park: *»Oh as I was young and easy in the mercy of his means / time held me green and dying / though I sang in my chains like the sea« (»Oh, als ich jung war und leicht in seiner gewaltigen Kräfte Gnade, / Hielt Schwager Zeit mich, grün und sterbend, / Ob ich auch sang in meinen Ketten wie die See«).*

Diese Schlußverse von *Fern Hill* sind nun auch auf der Gedenkplatte in der Poets' Corner in Westminster Abbey zu lesen, mit der das offizielle England den Waliser Dichter erst fast dreißig Jahre nach seinem Tod ehrte, am St. David's Day 1982. »Als ich noch jung war und leicht unter den Apfelzweigen«: Auch *Fern Hill* war ein magischer Fixstern jener Jahre, ein poetischer und ebenso realer Ort in den Hügeln südlich von Carmarthen (bei Llangain). Es ist der Name des Bauernhofs seiner Tante Ann Jones, wo Dylan seine Schulferien verbrachte. Er liebte dieses Haus mit seinen spitzbogigen neugotischen Fenstern und dunklen Geschichten; wohnte hier nicht einst der Henker, der sich selbst erhängte? »In der gesamten dreckigen Grafschaft gab es keinen vergleichbaren Hof, keinen, der so armselig und so schmutzig und doch so großartig gewesen wäre wie dieses Geviert voll Mist und Abfällen ...« Jahre später taucht *Fern Hill* aus dem Komposthaufen der Erinnerung wieder auf: als eines der schönsten Gedichte der Weltliteratur.

Der magischen Welt der Kindheit, schrieb W. H. Auden, habe Dylan Thomas sein ganzes Genie gewidmet. Eine Kindheit in Swansea. Und immer wieder raus aus der Stadt, auf die Halbinsel Gower mit ihren sandigen Buchten und tosenden Klippen: *»Taking my devils for an airing«*, nannte er das, »meine Teufel an die Luft lassen«. Nach Rhossili, »auf einem winzigen Felsen kampieren, der bei jedem Windstoß wackelt«. Heute stürzen sich hier die Drachensegler von den Hängen, und unten haut es die Surfer von den Brettern. »Und wir ließen uns fallen ins elastische, möwenverkotete Gras, auf vom Schafmist gesprenkelte Steine, auf Vogelgebeine und Federn, krochen ans äußerste Ende des Vorkaps.« Auf die Felsenschlange, auf Worms Head: »Ist's hier nicht wie mitten auf dem Meer, und kommt's dir nicht auch so vor, als ob sich der ›Worm‹ bewegte? Dirigier ihn nach Irland, Ray! Wir werden William Butler Yeats besuchen ... Und in Belfast werden wir kämpfen.«

Das waren die Tage von Gower, die Träume auf den Möwenklippen. Mit 16 verließ er die Schule und wurde Dichter. Mit 20 veröffentlichte er seinen ersten Gedichtband und verließ sein Elternhaus. Und dann, »Rimbaud vom Cwmdonkin Drive«, wohin dann? Nach London, um berühmt zu werden. Wales, die Provinz, öde ihn an, schrieb er einer Freundin: »Ich kann dir gar nicht sagen, wie sehr ich von allem hier weg möchte, heraus aus der Enge und dem Schmutz, weg von der ewigen Häßlichkeit der Waliser und allem, was mit ihnen zusammenhängt.« In der Londoner Avantgarde-Society spielte er erfolgreich die Rolle des »Provinz-Bohemien« (»wir müssen alle für unser Abendessen singen«).

Aber Chelsea war kein Ersatz für Swansea. *»Capital punishment«* nanntest du die englische Kapitale, eine Art Todesstrafe. Du trankst dein Bier im *Six Bells*, du warst Stammgast im *Fitzroy*, aber dein Herz war in den Kneipen von Glamorgan. Zurück nach Wales. In Mumbles die Pub-Runde machen, im *Marine*, in den *Three Lamps*, im *Mermaid*.

Von Dylan Thomas heißt es an vielen Orten, daß er hier trank, und das stimmt fast immer. Aber daß er immerzu betrunken war, ist eine Legende. Freilich pflegte er sie selber bereitwillig als Teil seines Images. So hatte er zwei klassische Antworten auf die Frage, warum er sich so oft betrinke: »Weil es jedesmal anders ist« und: »Weil man es von mir erwartet.« Man erwartete es, weil er Waliser war: da bist du Trinker oder Abstinenzler, aber nichts dazwischen.

Tatsache ist, daß Dylan Thomas mehr vertrug als andere, daß er nie trank, wenn er schrieb (höchstens Cider), und daß er über das Trinken Köstliches geschrieben hat. Etwa über die Wonnen von *Welsh Bitter: »I liked the taste of beer, its live, white lather, its brass-bright depths, the sudden world through the wet-brown walls of the glass, the tilted rush to the lips and the slow swallowing down to the lapping belly, the salt on the tongue, the foam at the corners. ›Same again, miss.‹« (»Ich genoß den Biergeschmack, das Zittern der weißen Blume, das metallene Funkeln vom Grunde und den plötzlich veränderten Anblick der Welt durch die naßbraunen Wände des Glases, wenn man das geneigte Glas an die Lippen setzte, das Bier hinunterstürzte und es langsam in den Magen hineinschlabbern fühlte, das Salzige auf der Zunge, den Schaum in den Mundwinkeln. ›Das gleiche noch mal, Miss.‹«)*

Immer wieder zog es Dylan Thomas nach London, in diesen »scheußlichen, grauen, rauhen Ort voller Leichen«. Spöttisch schrieb er über die bis zur Unkenntlichkeit anglisierten Waliser: »Sie errichteten im näselnden nieselnden London ihr eigenes kleines Talmi-Wales, eine Exilregierung von enteigneten Intellektuellen, die nicht ihr Land, sondern ihren Intellekt verloren haben.« Aber schließlich waren hier die Verleger und Gönner, das Publikum und die BBC. Im *Fitzroy* lernte Dylan Thomas auch seinen Landsmann Augustus John kennen. Ihm saß er für sein berühmtes, stark idealisiertes Portrait Modell (»Versorgt mit einer Flasche Bier, saß er mir sehr geduldig«), ihm verdankte er auch die Bekanntschaft mit Caitlin, einer irischen Tänzerin.

Sie heirateten 1937. Monate bitterster Armut in London folgten. Im Frühjahr 1938 zogen sie nach Wales. Dort fand Dylan Thomas schließlich seinen Ort und der Ort seinen Dichter: Laugharne, »*the strangest town in Wales*«. Eine Kleinstadt mit damals rund 400 Einwohnern, zwei Kirchen und sieben Pubs. Ein Nest voller Exzentriker, »wo einige Leute schon in den Ruhestand zu treten beginnen, bevor sie noch zu arbeiten begonnen haben«, wo andere Zuflucht vor der Polizei »oder gar ihren Frauen« suchten, »und dann gibt es hier auch die, die noch immer nicht wissen und auch nie mehr wissen werden, weshalb sie überhaupt da sind. Man kann sie jeden Tag der Woche sehen, wie sie langsam, benommen die Straße auf und ab wandern wie walisische Opiumesser, halb schlafend, in einer schweren, staunenden Betäubung.« Und einige blieben auch einfach hier hängen, so wie er selbst, »stiegen aus dem Omnibus aus und vergaßen wieder einzusteigen«. In dieser »zeitlosen, schönen, verrückten, verzückten Stadt« schrieb Dylan Thomas *Unter dem Milchwald*, dieses zeitlose, schöne, verrückte, verzückte »Spiel für Stimmen«.

Heute hat Laugharne 1300 Einwohner, fünf Pubs und einen legendären Toten. Aber außer dem *Rose and Crown*, das sich jetzt *Dylan's Diner* nennt, und ein paar Antiques ist eigentlich alles beim alten geblieben. Die Laugharnees kümmern sich um die Touristen so wenig wie einst um den Dichter. Von den Dächern äugen die Möwen, und der Dorfklatsch blüht wie eh und je: »Drüben die Dame ist zwei Millionen wert. War schon dreimal verheiratet, den vierten wird sie nicht los«, erzählt mir der Wirt im *Corporation Arms*. »Wenn dein Großvater hier nicht geboren ist, bist du nichts. Dylan Thomas kam von Swansea, er blieb hier fremd.« Aber sein Photo hängt natürlich an der Wand.

Ich gehe den Uferweg entlang, der heute *Dylan's Walk* heißt, vorbei an der normannischen Burgruine, »braun wie Eulen«, zu dem weißgekalkten, schiefergedeckten Haus über der Bucht, wo er mit Caitlin und den drei Kindern lebte. *The Boat House* ist jetzt ein Museum, so wohlgeordnet, wie das Leben dieses Mannes nie war. Die Fensterrahmen sind innen rot und außen blau gestrichen, im Originalton; unten in der Küche, heute Teestube, lehnen noch die Krücken seiner Mutter in der Ecke, und aus dem Radio im Wohnzimmer ertönt Dylans dunkle, prunkende Stimme, *»that old port wine of a voice«*. Das alles ist fast so authentisch und gespenstisch wie ein Environment von Edward Kienholz. Ich trete auf die Veranda, aufs Schiffsdeck in der Mündung des Taf. So leicht wird alles später zur Bellevue: der Blick über die Bucht, jenseits der blitzenden Sandbänke Sir John's Hill, der Schrei der Kormorane, die schwatzenden, schmatzenden Stimmen im Schlick: Als wäre es so romantisch gewesen, das Schreiben gegen die chronischen Schulden, diese langen, einsamen Winter in Wales.

Zum Arbeiten zog er sich in die winzige blaue Holzhütte oberhalb des Hauses zurück, *»this water and tree room on the cliff«*. Ein rotbeiniger Tisch, ein paar Stühle, das eiserne Kohlenöfchen, an die Bretterwand gepinnt Photos von Walt Whitman, D. H. Lawrence, Thomas Hardy, ein paar verblichene Kunstdruck-Akte, Renoir, Modiglianis *Bauernbursche*. Papier liegt zerknüllt auf dem Boden, auf dem Tisch zwischen den Faksimile-Manuskripten stehen zwei leere Bierflaschen (»weil man es von mir erwartet«). In diesem Schuppen schrieb er *Under Milk Wood*, Kurzgeschichten und einige seiner schönsten Gedichte. Eines davon, *Do not go gentle into that good night* (*Geh nicht so sanft in diese gute Nacht*), wurde bei der Beerdigung seines Landsmanns Richard Burton rezitiert.

Dylan Thomas schrieb langsam (*»I write at the speed of two lines an hour«*), oft schrieb er mehr als 30 Fassungen von einem einzigen Gedicht, bevor er sich für die endgültige Version entschied. Seine teleskopische Metapherntechnik, die klanglichen, assoziativen Querverbindungen machen seine Verse »so gut wie unübersetzbar«, meinte sein kongenialer Übersetzer Erich Fried.

Dylan Thomas wollte nicht zu jenen Waliser Autoren gehören, die den Eindruck erwecken, »daß ihr Englischschreiben nur eine Herablassung sei, ein Zugeständnis an den Einfluß und die Allgegenwart einer tyrannischen Fremdsprache«. Gab es nicht immer wieder Waliser, die »außerordentlich gute Gedichte in englischer Sprache« schrieben? »Ich möchte eigentlich annehmen, das kommt daher, daß sie vor allem gute Dichter waren und sind, und nicht gute Waliser.« Nein, zum Sprachrohr einer *Welsh only*-Bewegung hat er sich nie geeignet. Er schrieb zeitlebens nur Englisch, aber nicht das Oxford English von T.S. Eliot. Dem verfeinerten, ätherischen King's English von Bloomsbury schleuderte Dylan Thomas seine vitale, kataraktische, bilderstürmerische Sprache entgegen, ein Englisch mit keltischen Knoten.

In Laugharne also blieb er ein Fremder, obgleich er sich rühmen konnte, »mehrere von den Einwohnern und sogar einige von den Reihern beim Vornamen nennen zu dürfen«. Einige Laugharnees erinnern sich noch an ihn. Alan Davies zum Beispiel, der Kaufmann in Market Street: »Er holte täglich bei uns die *Times*, seine Zigaretten und Bull's-Eyes-Pfefferminzbonbons, die schwarzweiß gestreiften.« Hier im Kaufmannsladen, nicht in Westminster, ist Dylans wahre Poets' Corner. Bei Alan Davies findet man längst vergriffene Werkausgaben und Plattenaufnahmen.

Von Alans Shop ging der Dichter ein paar Häuser weiter zur Wohnung seiner Eltern (*The Pelican*), löste mit ihnen jeden Morgen das Kreuzworträtsel der *Times*, dann war es Zeit für *Brown's Hotel*. Tony Watts stellt mir ein Bier hin. »Ich hab's langsam satt, jeder fragt nach ihm, vor allem die Amerikaner: ›Oh, hat er sich hier immer betrunken?‹« Aber dann kramt der Wirt von Laugharnes prominentem Pub eine abgegriffene Tüte hervor: Photos des Dichters, alte Rechnungen, auf die er Verse schrieb. Für den gußeisernen Kaffeehaustisch am Fenster, Dylans Stammplatz, hat man dem Kneipenwirt schon 1000 Pfund geboten, aber den gibt er nicht her.

Hier also hast du gesessen, Dylan Thomas, mittags und dann wieder abends, *»pubbing«*, hast auf Pferde gesetzt, dein Bitter getrunken und dünnen, kalten Tee. Hier warst du mittendrin im Klatsch der kleinen Stadt, und sie haben dir ihre banalen, bizarren, kolossalen Geschichten erzählt, von Organ-Morgan und Dai Brot, dem Bäcker, von Mrs. Ogmore-Pritchard in ihrem »Krinolinennachthemd unter tugendhaften arktischen Bettüchern«, von Polly Garter, die *»liebt' einen Mann, und sein Name war Harry, / sechs Fuß hoch und süß wie Sherry«*. So hast du Laugharne in »Llareggub« verwandelt, in die poetische, reale, unvergleichliche Stadt »unter dem Milchwald«.

Um herauszufinden, daß es auch in Laugharne ein kleines Rathaus mit Glockenturm gibt (von 1745), ein Haus *Bay View* und ein *Rose Cottage*, genau wie in Llareggub, dazu bedarf es keiner Anglisten. »Coronation Street« führt mitten durch Laugharne, *Sailors Arms* ist natürlich Brown's Hotel, und der Milchwald wächst auf Sir John's Hill, den Dylan Thomas von seiner Hütte über der Bucht immer vor Augen hatte. Die Arbeitsskizze, die er von Llareggub zeichnete, ist eine spiegelverkehrte Ansicht von Laugharne. Kein Wunder, daß die Laugharnees sich in diesem imaginären Nest voller Käuze unwillig wiedererkannten; für alle anderen wurde Llareggub zum Synonym für Wales, für ein ganzes Land voller Käuze.

Dylan Thomas leugnete jede Änlichkeit; es sei nur ein Spiel über einen Tag im Leben einer kleinen Stadt *»in a never never Wales«*. Bloomsday in Laugharne, die Provinz als Mikrokosmos. »Unsre Stadt, die hier unterm Milchwald ruht, / die ist nicht ganz schlecht, und auch nicht ganz gut«, reimt Ehrwürden Eli Jenkins. Diese menschliche, fröhliche Botschaft aus Wales wurde ein Welterfolg: erst als Hörspiel, dann als Buch, auf der Bühne, im Film (mit Richard Burton und Liz Taylor), sogar als Jazz-Suite (von Stan Tracey, 1965) und als Oper (von Walter Steffens, 1973). Alle zwei Jahre herrscht

Hochbetrieb in der kleinen Stadt, dann führen die *Llareggub Players*, Amateurschauspieler aus Laugharne, *Under Milk Wood* auf. Aber diesen Erfolg hat Dylan Thomas nicht mehr erlebt.

Seine letzten Jahre in Laugharne waren von Geldnot überschattet. Während er Llareggub entwarf, schrieb er Filmdrehbücher, Rundfunksendungen und Bettelbriefe an Freunde und Verleger. Um schneller Geld zu verdienen, machte er Lesereisen durch Amerika. Sein »Londoner Ruf für rüpelhaftes Benehmen« (W. H. Auden) ging ihm einträglich voraus, er las vor vollen Häusern und tat alles, um seinem Image als *»Wild Welsh Wizard«* gerecht zu werden. In Flügen und Nachtzügen hetzte er von Uni zu Uni, zu Klubs, zu Cocktailpartys und Frauenvereinen: *»I'm just a voice on wheels«*, eine Stimme auf Achse. So wuchs sein Ruhm. Jahre später nahm ein junger amerikanischer Pop-Sänger, Robert Allen Zimmermann, den Namen seines Waliser Dichter-Idols an: Bob Dylan. Im Oktober 1953 brach Dylan Thomas zu seiner vierten und letzten Amerikareise auf. Er wollte mit Strawinsky ein Opernprojekt besprechen: die Wiederentdeckung der Erde nach einer Atomkatastrophe. Dazu kam es nicht mehr. Nach einer fatalen Mischung aus Alkohol und Medikamenten starb Dylan Thomas, 39 Jahre alt, in einem New Yorker Hospital. An einem kalten Novembertag haben sie ihn in Laugharne begraben, auf dem Hügelfriedhof von St. Martin, unter einem schlichten weißen Holzkreuz.

Worauf man bei der letzten Platzfrage achten muß, hatte ihm als Junge schon sein Großvater klargemacht: »Hat keinen Sinn, in Llanstephan begraben zu liegen.

In Llangadock ist die Erde viel bequemer. Da kannst du die Beine strecken, wie du willst, ohne gleich ins Meer zu geraten.« Das kann man zum Glück auch in Laugharne.

Lady Ottoline Morrell in Garsington

Große Oper im Garten

Alles war Zufall. Daß die Ingrams zwischen London und Oxford das alte Herrenhaus Garsington Manor fanden. Daß sie dort ein Opernfestival gründeten, das exklusivste der Britischen Inseln. Daß Haydns Opern die Spezialität ihres Hauses wurden. »*Chance, pure chance*«, meint Rosalind Ingrams lächelnd, reiner Zufall. Ein Glücksfall, sollten wir wohl besser sagen, jedenfalls für alle Besucher.

Garsington liegt auf einer Anhöhe südöstlich von Oxford, nur wenige Kilometer jenseits der Arbeitervorstadt Cowley. Am Rand des Dorfes steht ein hohes Tudorhaus mit schmalen, schachtartigen Fenstern. Bis zum Dach reichen die beiden dunkelgrünen Eibenwände, die im rechten Winkel zwischen Haus und Straße einen quadratischen Vorhof bilden. Hinter dieser strengen, stummen Fassade wartet ein üppiger Garten voller Figuren und Geschichten.

Mehr als ein Jahrzehnt lang war Garsington Manor ein literarischer Salon im Grünen. Hier trafen sich Englands Künstler und Intellektuelle, am Pfauenthron von Lady Ottoline Morrell. »Sie war eine außerordentliche Frau«, sagt Rosalind Ingrams, »unbezähmbar, mutig, generös, eine *grande dame*.«

Lady Ottolines Augen waren türkisgrün, rotgefärbt ihre Haare, die Lippen grellrot, schneeweiß gepudert war ihre Haut. Sie trug schwere Perlenketten und lange, wehende Seidengewänder. Und erst ihre Hüte! Einer war wie ein Teewärmer, mit kleinen Igeln besetzt, ein anderer wie ein Segelschiff; noch am schlichtesten wirkten die mit Pfauenfedern. Nichts fand Lady Ottoline natürlicher, als sich exzentrisch zu kleiden. Amüsiert berichtete sie einmal, daß die Leute sie bei einem Straßenfest für einen Maibaum gehalten und um sie getanzt hätten. Ihre exaltierte, zugleich grelle und zerbrechliche Schönheit hat keiner subtiler (und boshafter) beschrieben als Virginia Woolf, oft Ottolines Gast in Garsington: »Sie hat die schlanke, biegsame Gestalt einer lombardischen Pappel«, notierte sie 1919, und »einen unsicheren zögernden Schritt auf der Straße, wie ein Kakadu mit verletzten Krallen«. Ein anderer Besucher, Henry James, sah sie als »phantastisches heraldisches Wesen – ein Greif vielleicht oder ein geflügelter Drache«. So übertrafen sich die Künstler, die sie um sich versammelte, in bizarren Beschreibungen ihrer Gastgeberin, bis sie fast gänzlich zum Kunstprodukt wurde, zur schönsten Schöpfung von Garsington.

Lady Ottoline, eine geborene Cavendish Bentinck, war eine Schwester des Herzogs von Portland. Sie kam aus einem der vornehmsten Häuser Englands, ihr Mann aus der Oxforder Brauereifamilie Morrell, deren Bier wenigstens zur gehobenen Klasse zählt. Philip Morrell war Rechtsanwalt und Abgeordneter der Liberalen. Im Frühjahr 1913 erwarben sie von einem alten Bauern Garsington Manor. Die berühmten *Jours fixes*, die Lady Ottoline in ihrem Haus am Bedford Square in Bloomsbury gepflegt hatte, setzte sie nun in großem Stil auf ihrem Landsitz fort.

Doch machte sich Garsington Manor im Ersten Weltkrieg zunächst als Pazifistenzentrum einen Namen. Hier traf sich eine exotische Mischung von High-Society und »intellektueller Unterwelt«, wie Leonard Woolf es nannte, politische Prominenz und »ein fester Stamm von Kriegsdienstverweigerern«. Der Schriftsteller Lytton Strachey gehörte dazu, Virginia Woolfs Schwager, der Kunstkritiker Clive Bell, zeitweise auch Aldous Huxley. Sie waren vom Militärdienst freigestellt unter der Bedingung, in der Landwirtschaft zu arbeiten. Das taten sie auf dem Hof der Morrells, die ihnen großzügig Quartier boten.

Damals zeigte sich, daß Lady Ottoline keineswegs nur die edwardianische Salon-Beauty war, wie der Mode- und Society-Photograph Baron de Meyer sie portraitiert hatte. *»This fine woman was always prepared to do battle for Culture, Freedom and the People«*, rühmte Augustus John, der sie liebte und malte, als Zigeunerin und Sibylle. Lady Ottoline förderte Jacob Epstein, Stanley Spencer und andere Künstler, bevor sie berühmt wurden, sie unterstützte Nijinskij, junge Autoren, die *bright young men* aus Oxford, Bohemiens und Taugenichtse. Selbst unkreativ, sammelte sie die Kreativen um sich und entwickelte diese Lebensform zu ihrer eigenen hohen Kunst.

»Die eichegetäfelten Räume, die Sie hier sehen«, sagt Rosalind Ingrams, »waren zu Ottolines Zeiten seegrün und venezianisch-rot gestrichen.« An den Wänden hingen Gemälde von Duncan Grant und anderen ihrer Bloomsbury-Freunde. »Ottoline, wie gewöhnlich, Samt & Perlen«, notierte Virginia Woolf über ein Wochenende in Garsington. »Massen von Leuten, die sich von Zimmer zu Zimmer bewegten – vom Salon zum Speisezimmer, vom Speisezimmer zu Ottolines Zimmer – den ganzen Sonntag.« Und ein Jahr später, im Juli 1918: »Wir strömten recht glücklich durcheinander, & ohne uns ernsthaft zu langweilen, was mehr ist, als man von einem Wochenende verlangen kann.« Etwas Tennis, manchmal ein Tanz oder Schauspielsketche, das liebten die Morrells und ihre Gäste, unendliche Plaudereien und Klatsch, Klatsch vor allem. Nach dem Tee ein kleiner Ausflug in die Hügel der Umgebung, zurück durchs Dorf, »wobei die blendende Erscheinung von Ott. mit ihren Perlen auf die Landarbeiter weder falsch noch lächerlich zu wirken schien, sondern wie ein Teil der aristokratischen Show, für die sie gezahlt hatten. Niemand lachte.«

Wie in einer Botanisiertrommel sammelte Virginia Woolf ihre Beobachtungen während dieser Wochenenden in Garsington. Selbst ihr wurde es manchmal fast zuviel, was da an Eitelkeiten, Eifersüchteleien und Intrigen aufeinanderprallte. »Garsington bietet eine Szene von unvergleichlichem Horror. Unnötig zu sagen, daß ich hinfahren werde«, schrieb sie ihrer Schwester 1926. Virginia und Ottoline, so verschieden sie waren in Habitus und Intellekt, eines verband sie doch: ihre »menschenfresserische Neugier«, wie Stephen Spender einmal über Ottoline bemerkte.

Zur Geschichte der O. gehören auch ihre Liebhaber. Waren sie wirklich so zahlreich, wie Klatsch und Legenden verbreiten? Literarische Parallelen haben erheblich zu Lady Ottolines Mythos beigetragen, zumal wenn der

Autor D. H. Lawrence heißt, einer ihrer häufigsten Gäste. In seinem Roman *Liebende Frauen* (1920) verlegt er Garsington nach Derbyshire und schildert ein Haus, dessen Atmosphäre, vom Garten bis zu den Gesprächen, den Erfahrungen von Garsington viel verdankt. Lady Ottoline stand ihm Modell für Hermione Roddice und wohl auch, wie entfernt auch immer, für seine skandalöseste Heldin, Lady Chatterley.

Und dann war da noch Bertie. Mit dem Philosophen und Pazifisten Bertrand Russell verband Lady Ottoline mehr als adelige Herkunft und gleichzeitige Überwindung der Klassenkonventionen. »Bertie Russell faszinierte mich und machte mir angst«, notierte sie in ihr Tagebuch. »Er fühlt das Leben nur durch den Verstand und durch Sex, und es besteht eine Kluft zwischen beiden Bereichen.« Sie erwiderte seine Liebe, doch zu den *full relations*, deren Russell sich rühmte, kam es wohl nicht. Seine Hände seien »wie die Tatzen eines Bären«, fand sie, *no feeling in them*; dazu kam sein Mundgeruch. Bertie wohnte oft tagelang in einer der Katen von Garsington. Indes hielt Lady Ottoline auf Distanz. »Zum Beispiel war es mir niemals erlaubt, ihr Schlafzimmer zu betreten, doch Aldous Huxley war ständig anwesend, wenn sie sich entkleidete.« Russell, leidenschaftlich nicht nur als Denker und Aktivist der Friedensbewegung, schrieb ihr insgesamt mehr als 2000 Briefe und sie ihm rund 1600. Später wurde Ottoline Morrell Taufpatin seines dritten Kindes. Noch Jahre nach ihrem Tod stand in Russells Räumen im Trinity College in Cambridge nur ein einziges Photo auf seinem Schreibtisch, ein gerahmtes Portrait von Ottoline.

»Manchmal glaubte ich«, schrieb sie, »Garsington sei ein Theater, wo Woche für Woche eine Tourneetruppe ankommt und ihre Rollen spielt.« Sosehr Lady Ottoline ihre eigene Rolle als Prinzipalin dieser Bühne genoß, das Ausmaß ihres Engagements und ihrer Gastfreundschaft brachte die Morrells an den Rand des Ruins. 1928 gaben sie Garsington Manor auf und zogen zurück nach London. Zehn Jahre später starb Lady Ottoline an Kehlkopfkrebs. *»Faithful and courageous / Most loving most beloved«*, steht in Versalien unter ihrem Portraitrelief in der Dorfkirche von Garsington, eine Arbeit des Bildhauers Eric Gill. Doch Lady Ottolines eigentliches Denkmal ist Garsington geblieben, oder besser: wieder geworden.

»Wir suchten ein Haus zwischen London und Oxford«, sagt Rosalind Ingrams. »Da kam dieses Anwesen auf den Markt, 1982, reiner Zufall.« Leonard, ihr Mann, arbeitet als Bankier in London, in Oxford hatten sie beide studiert. Mit Hilfe ihres kongenialen Gärtners Peter John Prior restaurierten die Ingrams die Gärten von Garsington im Stil der zwanziger Jahre. Damals hatte Lady Ottoline im alten Küchengarten auf der Ostseite des Hauses ein Blumenparterre angelegt, »wie einen bunten, süß duftenden Teppich«: 24 quadratische Beete, von niedrigen Buchsbaumhecken eingefaßt, an den vier Ecken eines jeden Karrees eine schlanke irische Eibe, 96 grüne Säulen, dazwischen Blumen in Fülle – Tulpen und Vergißmeinnicht im Frühjahr, im Sommer Rittersporn, lila Malven und weiße Löwenmäulchen, Wicken und Dahlien. Nur Lady Ottolines Zinnien wollten bisher nicht wieder gedeihen.

Vom Rasen auf der Südseite des Hauses, wo Glyzinien und Magnolien blühen, führen zwei Ilex-Alleen hinunter in den Italienischen Garten. Manchmal, heißt es, deklamierte Lady Ottoline dort den Pfauen, die ihr folgten, Verse von John Dryden. Den rechteckigen, in Stein gefaßten Teich umgeben hohe Eibenhecken, in deren Nischen klassische Skulpturen stehen. Von der kleinen Insel im Teich grüßen Venus und Cupido. Goldregen, Lilien und Lavendel, Busch- und Kletterrosen, portugiesischer Lorbeer und lombardische Pappeln, ein Maulbeerbaum, ein altes Taubenhaus und jenseits der Ebene im Dunst der Ferne die Berkshire Downs. »Fast melodramatisch vollkommen« nannte Virginia Woolf diesen Garten. Und weil Ottoline für sie »so durch & durch eine Gestalt in Verkleidung« war, meinte sie einmal, über ihrem Garten sei »sogar der Himmel aufgeputzt in blaßgelber Seide, und sicher ist der Kohl parfümiert«.

An einem lauen Sommerabend gaben die Ingrams in diesem Garten ein Hauskonzert für ein paar Freunde. »Alle waren begeistert«, erinnert sich Rosalind, »und jeder sagte: *Goodness, what a perfect place to have opera!*« Als im folgenden Jahr, 1989, die Bodleian Library in Oxford eine Spendenaktion für ihre bedrohten Bücher startete, wollten auch die Ingrams helfen. Ihre erste Opernaufführung auf der Terrasse von Garsington, Mozarts *Figaro*, brachte einen Benefizerlös von rund 25 000 Mark. Seither finden in jedem Sommer Freilichtaufführungen in Garsington statt, Opern von Haydn und Rossini, Richard Strauss und Benjamin Britten, gespielt von jungen Künstlern am Beginn ihrer Karriere. »So bekommen wir Qualität, ohne horrende Stargagen zahlen zu müssen.«

Anfangs, als es noch keinen Baldachin gab, flüchtete das Publikum bei Regen in die Scheune, die inzwischen konzertreif mit der Holztäfelung der alten Oper von Glyndebourne ausgestattet ist. Seinem legendären Vorbild in Sussex ist das Garsington Opera Festival aufs eigenwilligste gefolgt, keine Konkurrenz, aber eine Alternative. Mit ihrem Opernfestival haben die Ingrams Lady Ottolines Salon auf andere, kreative Weise fortgesetzt.

Was als Benefizveranstaltung begann, hat längst professionelles Ausmaß erreicht. Leonard Ingrams, Musikenthusiast seit seiner Kindheit, ist Vorsitzender der Garsington Opera Ltd., seine Frau eine der vier Direktoren.Trotz steigender Umsätze, inzwischen etwa zwei Millionen Mark, braucht das Festival Sponsoren, um den hohen künstlerischen Standard zu halten. »Anders als Glyndebourne oder Covent Garden haben wir noch keinen festen Stamm von Sponsoren. Wir müssen jedes Jahr neu beginnen.«

Doch gibt es eine Basis, die nicht besser sein könnte: ein begeistertes Publikum, rund 1500 Subskribenten und seit 1994 eine Warteliste für die rund 390 Plätze pro Vorstellung. *L'Incontro Improviso*, Haydns Opern, andernorts selten zu sehen, werden in Garsington mit einer Konsequenz und Kennerschaft aufgeführt, die selbst den verwöhnten Fürsten Esterhazy entzückt hätte.

Mitte Juni, wenn die Hutschau von Ascot gelaufen und die Henley-Regatta noch offen ist, wenn fast alle wieder nach Glyndebourne fahren, dann, ja dann beginnt in Garsington die Saison der Connaisseure. Picknick im Garten, Dinner in der Scheune, vielleicht etwas Regen, aber Musik, Musik! Und der Duft von tausend Blumen. Wenn nach der Pause die Bühnenscheinwerfer aufleuchten und die Sonne hinter den Bäumen versinkt, dann hat Garsington wieder etwas von jenem Zauber, den D. H. Lawrence zu Lady Ottolines Zeiten erlebte: *»so remote, so perfectly a small world to itself, where one can get away from the temporal things to consider the big things«*. So abgeschieden, so vollkommen eine kleine Welt für sich, wo man allen Alltagskram vergessen kann, um die großen Dinge zu bedenken.

Und wenn Sie dann noch etwas Zeit haben und auch noch etwas Geld, dann sollten Sie sich im benachbarten *Manoir aux Quat' Saisons* eine Arie des kulinarischen Vergnügens gönnen: Millefeuille von Aubergine, Rotbarbe und Jakobsmuschel auf einer Fenchel- und Kardamom-Sauce, Lammfilet von den Gütern des Prince of Wales, Wachtelbrust in einer Pineau-des-Charentes- und Steinpilz-Sauce. Genug? Aber nein, die *»trois petits bonheurs du Manoir«* müssen Sie noch probieren, drei kleine Desserts nur, zumindest die Feigen, gefüllt mit Portweineis. Das alles ist üppig und leicht zugleich, brillant und perfekt bis ins Detail – wie das Festival.

Die Churchills von Blenheim Palace

Dallas in Oxfordshire

His Grace ist sauer. Da lebt er nun in einem prächtigen Palast, wird immer noch mit *Euer Gnaden* angeredet, zählt den berühmten Sieger der Schlacht von Blenheim und den noch berühmteren Churchill zu seinen Vorfahren, und wonach fragt die englische Presse und nun auch sein deutscher Besucher ihn, den Herzog von Marlborough? Nach dem schwarzen Schaf der Familie, seinem ältesten Sohn James.

Junkie Jamie hat nicht nur Drogenprobleme. Mal fuhr er zu schnell, mal ohne Führerschein. Mal prellte er die Taxizeche, mal prügelte er sich mit der Polizei. Mal hatte er keinen Waffenschein, mal zuviel Kokain. So kam der »Drogenbaron« (*Observer*) immer wieder vor Gericht und dreimal in den Knast. *»The weasel«*, wie man ihn dort nannte, sorgte letzten Sommer erneut für Schlagzeilen. *»We are a family of winners, not losers«*, prahlte der steckbrieflich gesuchte Marquis nach einer abenteuerlichen Flucht vor der Polizei. Ein paar Tage später hatten sie den 38jährigen geschnappt, und auf den Titelseiten der Gazetten erschien der Sohn des Herzogs in Handschellen: »Den Erben von Blenheim ereilt sein Waterloo.«

Indigniert blickt der Duke aus dem Fenster, auf die Orangenbäume im Italienischen Garten. Nicht die feine englische Art, ausgerechnet diesen Teil seiner Familiengeschichte zu erörtern. Ob er denn nun erwöge, frage ich den Herzog, seinen Ältesten zu enterben, zugunsten seines jüngeren Sohnes Edward? *»No, you've got it wrong«*, grollt Seine Durchlaucht. »Ich schlage nur vor, die Güter in eine Stiftung zu überführen, damit niemand die Zukunft von Blenheim verspielen kann.«

In Englands ramponierten Adelshäusern gibt es gegenwärtig wohl keine Erbfolge, die komplizierter wäre als diese. Schloß und Herzogstitel, durch ein Gesetz von 1704 dem 1. Duke of Marlborough verliehen, fallen stets dem Erstgeborenen zu, ein Erbrecht, das nur ein neues Gesetz ändern könnte. Und das, heißt es, käme nie durchs Oberhaus.

Blenheim Palace stammt aus der Zeit, als die Nation ihren Helden noch Häuser schenkte und die EU ihre Querelen auf dem Schlachtfeld austrug. Im Spanischen Erbfolgekrieg hatte Marlborough, Englands genialer Feldherr, Diplomat und Hochverräter, zusammen mit seinem Verbündeten Prinz Eugen 1704 einen entscheidenden Sieg gegen die Armeen von Frankreich und Bayern errungen. Diese Schlacht von Höchstädt nannten die Briten, topographisch genau und orthographisch eigenwillig, *battle of Blenheim*, nach dem Dorf Blindheim an der Donau. Und so sollte auch der Palast heißen, den die dankbare Queen Anne ihrem General auf den königlichen Gütern von Woodstock und auf Staatskosten errichten ließ.

Das Ergebnis verschlägt noch heute jedem Besucher den Atem. Du gehst durch Woodstock, eine behäbige Kleinstadt nördlich von Oxford, an Kirche, Kneipen und allerlei Läden vorüber, bis die Straße auf einem Platz mit hohen Mauern endet. Vor dem Tor, einem wahren Triumphbogen, steht ein Türhüter des Herzogs und kassiert. Und dann, plötzlich, als ob du durch Alices Kaninchenloch fällst, trittst du durch das Tor in Marlboroughs Wunderland. Vor dir liegt eine grüne Unendlichkeit: Schafweiden, Wälder, ein Schwanensee mit einer Insel und einer monumentalen Brücke und auf einem Hügel das Schloß. Selbst König George III., heißt es, habe bei diesem Anblick ausgerufen: »Wir haben nichts, was dem gleichkommt!« Auch Churchills Vater, Lord Randolph, nutzte die große Imponiergebärde dieses Parks, als er seiner amerikanischen Braut Jennie zum ersten Mal sein Elternhaus vorführte: *»This is the finest view in England.«*

Nein, Blenheim ist kein Ort des Understatements. Hier türmen sich die Superlative: das triumphalste Barockschloß Vanbrughs, das größte Privathaus Englands, der längste Korridor Europas, so lang, daß Churchills Mutter, beim Tanzen im siebten Monat von den Wehen überrascht, nicht mehr rechtzeitig aus dem Ballsaal in ihr Schlafzimmer fand und unterwegs, in der Damengarderobe, nachts um halb eins mit einer Sturzgeburt namens Winston niederkam.

Blenheim Palace war Englands Antwort auf Versailles: kolossal, aber ohne Eleganz. Auf einer Fläche von fast 30 000 Quadratmetern ließ des Herzogs Baumeister, John Vanbrugh, seine Säulenbataillone aufmarschieren, Heeresflügel in Stein, eine einzige Siegeserklärung, bis hinauf in die Turmspitzen mit ihren vergoldeten Kanonenkugeln. »Geschmacklos«, notierte Voltaire. Während Malborough seine Kampagnen auf dem Kontinent führte, kämpfte seine Frau, die sparsame, despotische Herzogin, mit dem maßlosen, kapriziösen Architekten. Sarah wollte ein wohnliches Landhaus, Vanburgh ein Denkmal, vor allem für sich selbst. Mehr als sechzehn Jahre dauerte diese zweite Schlacht von Blenheim. Als der Palast endlich stand, war der Herzog alt und nach zwei Sommern in den kalten Sälen tot.

Sarah liebte ihren Mann, sein Haus haßte sie (»das wilde, gnadenlose Haus«). Noch Duchess Laura, Stiefmutter des jetzigen Duke, nannte Blenheim stets *»the dump«*, den Schutt- und Abfallhaufen. Das kann der heutige Hausherr nun gar nicht verstehen. Gewiß, »etwas groß« sei das Ganze schon: »Als Kinder fuhren wir mit dem Fahrrad im Erdgeschoß herum, das geht heute nicht mehr, wegen der Besucher.«

Man schränkt sich ein, natürlich, schon in der Zahl der Diener. Sein Großvater Sunny zum Beispiel, der 9. Duke, hatte von seiner Hochzeitsreise an den Nil einen ägyptischen Pagen mitgebracht. Während des Dinners stand der Mohrenknabe Mike stets hinter dem Stuhl der Herzogin, in Tunika und gelbem Seidenturban, nur zum Dekor. Ja, Sunny hatte Stil, seine Frau (eine Vanderbilt) die nötigen Dollars, und zusammen hatten sie etwa achtzig Diener. Solche edwardianischen Extravaganzen kann sich der Enkel nicht mehr leisten. Wie viele Diener er denn habe? »Ich weiß es nicht«, sagt der Duke, und das heißt wohl: genug. Zwanzig Diener habe *His Grace*, versichern die Guides im Haus, sie selber gar nicht mitgerechnet.

Mit einem geschätzten Vermögen von 250 Millionen Mark zählt der 11. Duke of Marlborough zu den hundert Reichsten im Lande, auch wenn er gern betont, verglichen mit dem Duke of Westminster sei er ein relativ armer Herzog: »Keine Segeljachten, keine Inseln, keine Immobilien in London. Nur Blenheim.« *Just Blenheim*: ein Schloß von anachronistischem Ausmaß, aus goldbraunem Kalkstein, wunderbar leuchtend, unaufhörlich bröckelnd, ein Alptraum. Ob er je versucht sei, den Kampf gegen Steinfraß und Holzwurm aufzugeben? »Nein! Niemals! Ich *lebe* für Blenheim. Natürlich ist die Erhaltung des Hauses eine erschreckende Aufgabe. Ich nenne es meine immerwährende *battle of Blenheim.*«

Was kostet es, ein Haus wie dieses zu führen? *»I never go into figures«*, keine Zahlen, bitte. Sämtliche Fenster streichen, Teppiche erneuern, Dachreparaturen, Heizung, Strom, »alles ist von enormen Dimensionen«. Und dann nennt er doch eine Zahl: »Weit über zweieinhalb Millionen Mark im Jahr.« Ganz zu schweigen von der Restaurierung der historischen Parklandschaft: Die Bäume und Alleen, die Capability Brown im späten 18. Jahrhundert pflanzte, haben ihre Altersgrenze erreicht, und das große Ulmensterben hat auch Blenheim nicht verschont.

Um das alles zu finanzieren, läßt der Herzog Palast, Park und Gärten, sogar seine Privatgemächer besichtigen, die *private parts*, wie es anzüglich heißt. In Blenheim finden Konzerte, Konferenzen und Kricketturniere statt, Firmenbankette und Pferdedressuren, hier werden Filme gedreht, Fasane gejagt, Hechte geangelt und Gäste empfangen, vor allem PGs, *paying guests*. »Sir Winston Churchill«, die Kleinbahndampflock, bringt uns zum Abenteuerspielplatz und ins Heckenlabyrinth, natürlich »das größte der Welt«. In den Souvenirläden gibt es Marlboroughs Armee in Zinn, Churchill in Porzellan, Blenheim-Honig, Blenheim-Keks, sogar Mineralwasser in Schloßabfüllung. 4600 Hektar Park, Land- und Forstwirtschaft, rund eine halbe Million Besucher, Gesamtumsatz: eine zweistellige Millionensumme.

Blenheim is big business, und der Herzog, heißt es, führt Blenheim wie ein Regiment. Auf seinen Gütern beschäftigt er rund 120 Angestellte, vorzugsweise ehemalige Militärs, wegen ihrer Disziplin und Loyalität. Er selbst, Jahrgang 1926 wie die Queen, hat nach seiner Schulzeit in Eton neun Jahre bei den Life Guards gedient, der Schutztruppe der Krone, dann ein Jahr am Royal Agricultural College absolviert, den sogenannten Gin- & Tonic-Kurs. 1972 übernahm er Schloß und Titel. Der Duke ist Vorsitzender einer Londoner Aperitif-Firma, Präsident des Oxforder Fußballclubs, Mitinhaber eines Paperweight-Betriebs und Direktor eines Stoff- und Tapetenunternehmens seiner Tochter, Lady Henrietta. »Genug, um einen in Trab zu halten. Außerdem gehe ich ins Oberhaus.« Dort hielt der Duke seine Jungfernrede über die bedrohte Spezies der Dachse.

Und Ihre Pflichten bei Hofe? Wieder dieser indignierte Blick aus den wasserblauen, leicht vorstehenden Churchill-Augen. »Ich spreche nie öffentlich über meine Verbindungen mit der Königsfamilie.« Natürlich kommen die Royals zur Jagd nach Blenheim, und alljährlich am 13. August hat der Duke seine symbolische Palastmiete an die Krone zu entrichten: ein blaues Seidenbanner, die Blenheim-Standarte, die am Jahrestag der Schlacht in Windsor Castle präsentiert wird, alljährlich eine neue seit 1705.

Welches der vielen Kunstwerke des Hauses er am meisten schätze? Ohne Zögern nennt der Herzog das Portrait seiner Großeltern im Roten Salon. Es ist das größte Familienbildnis, das John Singer Sargent je malte, 1905, auf der Höhe seines Ruhms als Portraitist der Prominenten. Damals florierte der transatlantische Heiratsmarkt zwischen dem verarmten englischen Adel und den amerikanischen Superreichen, und Sargents Bild zeigt eine exemplarische Liaison, den 9. Duke und seine Frau, Consuelo Vanderbilt. Sunny in der Robe des Hosenbandordens, Consuelo in van Dyckschem Satin, von ihren Söhnen umgeben, über ihnen die Büste Marlboroughs und seine Beutefahnen: auf den ersten Blick ein glanzvolles Bild britischer Aristokratie auf dem Gipfel ihrer Macht, tatsächlich ein Signal ihres Abgangs. Die Ehe war ein Desaster, ein Jahr nach Sargents Portrait trennte sich das Paar.

Daß der englische Historiker David Cannadine seine epochale Chronik *The Decline and Fall of the British Aristocracy* ausgerechnet mit diesem Bild beginnt; daß er die Geschichte der Herzöge von Marlborough während der letzten hundert Jahre »charakteristisch für den Niedergang der britischen Aristokratie insgesamt« bezeichnet: Derlei nimmt der 11. Duke mit der Gelassenheit dessen zur Kenntnis, dem dieses Bild gehört und dazu der Palast. »Ich glaube, die Aristokratie existiert durchaus noch. Sie hat eine Aufgabe, und die meisten von uns erfüllen diese Aufgabe auch.«

Zur Tradition des Hauses Marlborough gehören auch die Hunde, die Sargent zu Füßen des 9. Duke malte: Zwergspaniels mit weiß-rotbrauner Fleckung, seit dem frühen 18. Jahrhundert in Blenheim gezüchtet. Sunnys zweite Frau Gladys, auch sie eine Amerikanerin, liebte diese Spaniels bald mehr als ihren Mann. Gladys ließ die Hunde in die Staatsgemächer, fünfzig kleine Spaniels, bis der ganze Palast derart stank, daß der Duke auszog, in sein Londoner Stadthaus, und, wenn er Blenheim besuchte, in einem Hotel in Woodstock logierte. So ging auch diese anglo-amerikanische Verbindung vor die Hunde.

Heute ziehen ganz andere Meuten und Gerüche durch die Staatsgemächer. Indes, zum erfolgreichen Marketing der Familiengeschichte gehört nun einmal, in Blenheim Palace zu wohnen, *to live above the shop*, wie die Marlboroughs gerne sagen. Denn für sechzehn Mark Eintritt wollen die Leute ja nicht bloß Kunst & Ahnen besichtigen, sondern den Dunstkreis eines leibhaftigen, heutigen Herzogs. Auf die Reynolds und van Dycks könnten wir verzichten, nicht aber auf jene Photos im Silberrähmchen: *His Grace* mit Lady Di, Tina Onassis, seine zweite Frau, die Schwedin Rosita, seine dritte, *Junkie Jamie* mit seiner Geschiedenen, das wollen wir doch sehen, die Familienscherben, nicht Meißen und Minton. Die Boulle-Möbel, die Brüsseler Gobelins, schön und gut, aber spannend wird es doch erst, wenn Veronica, unser Guide, die zum Schrank umgebaute Doppeltür öffnet: »Wir gehen jetzt durch den Kleiderschrank der Herzogin in ihr Schlafzimmer.«

Nun aber endlich in Churchills Kinderzimmer. Rosentapeten, ein Messingbett und am Kopfende, *oh so sweet*, die gerahmten Locken des Fünfjährigen. Hier ist Sir Winstons Strampelhemdchen aus Batist, dort der samtrote Overall des alten Herrn, und da, da sind auch die brokatbestickten Pantoffeln des Helden der Nation. »In Blenheim faßte ich zwei sehr wichtige Entschlüsse: geboren zu werden und zu heiraten. Mit beiden Entscheidungen bin ich überaus zufrieden.« Im Park, im Tempel der Diana, machte Churchill im August 1908 Miss Clementine seinen Heiratsantrag.

Auch später kehrte Sir Winston, Taufpate des jetzigen Duke, immer wieder nach Blenheim Palace zurück. Dort kulminierte für ihn alles, Familiengeschichte, englische Geschichte, Liebe, Krieg und Frieden. In Blenheims Bibliothek recherchierte Churchill die monumentale Biographie seines Ahnherrn Marlborough, und als er im Kriegsjahr 1940 Premierminister geworden war und sein Geburtshaus besuchte, kroch der 65jährige auf den Eichendielen der Long Library herum, um seine 1500 Zinnsoldaten aufzustellen, in der Schlachtordnung von Blenheim. Wie Marlborough führte er nun sein Land in der *Battle of Britain.*

Durch die Churchill-Räume des Schlosses hallt seine Stimme vom Tonband, schwer von Portwein und Zigarren, sein berühmter Appell an die Nation im Juni 1940, nach der Evakuierung der britischen Truppen von Dünkirchen: *»We shall fight on the beaches, we shall fight in the fields and in the streets, we shall fight in the hills; we shall never surrender.«* Das ist die barocke Rhetorik Vanbrughs, Marlboroughs Kampfgeist, das Erbe von Blenheim. Und da scheppert auch das Echo durch die Räume, *»never surrender«*, *Junkie Jamies* flotte Sprüche auf der Flucht vor den Bobbys: *»We are a family of winners, not losers.«*

Kurz nach seinem Sieg, bevor er die Wahlen gegen Attlee verlor, im Juni 1945, sagte Churchill zu einem Freund, er habe nun keine Botschaft mehr für die Leute, *»I feel very lonely without a war«*. Als Sir Winston zwei Jahrzehnte später starb, ließ er sich nicht in Westminster Abbey oder St. Paul's begraben, neben Nelson oder Wellington, sondern auf dem Dorffriedhof von Bladon. Das war alles andere als eine bescheidene oder obskure Geste. Bladon liegt am Rand des Schloßparks, und Churchills Grab, eine schlichte Steinplatte, liegt neben dem seiner Eltern nahe dem Kirchturm – genau am Ende der triumphalen Achse von Blenheim, die durch den Salon über den Großen Hof und Vanbrughs Brücke den Hügel hinauf zu einer riesigen Säule führt, der Siegessäule des 1. Duke of Marlborough.

Lady Victoria in Burghley House

Sir Spirits wackere Erben

Meile um Meile ziehen sich die Mauern rings um den Park, fast gänzlich ohne Mörtel geschichtet. Hinter diesen *dry-stone walls*, im Schatten alter Eichen und Linden, grast Rotwild in großer Zahl und großer Ruhe. Auf einer leichten Anhöhe liegt Burghley House, gekrönt von Türmen, Kuppeln, Obelisken und Balustraden, ein unvergeßlicher Anblick. Aus dieser Dachlandschaft ragen zahllose toskanische Säulen empor, Schornsteine in klassischer Verkleidung. *»Looks more like a town than a house«*, bemerkte Daniel Defoe angesichts der dramatischen Silhouette von Burghley.

Dies ist eines der größten und großartigsten elisabethanischen Landschlösser Englands, erbaut zwischen 1555 und 1587 für William Cecil, Lord Burghley, und Statussymbol des mächtigsten Politikers am Hofe Elizabeths I. Von Beginn ihrer Regierungszeit an war er vierzig Jahre lang der einflußreichste Berater der Königin, zunächst als Erster Minister im Kronrat, dann als Schatzkanzler bis zu seinem Tod 1598. Indes konnte auch *Sir Spirit*, wie die Königin ihn nannte, die hohe Inflation und Staatsverschuldung nicht verhindern. Die Reichen zahlen zuwenig Steuern, klagte der ehrenwerte Lord, selber einer der größten Steuerhinterzieher des Landes. Von seinen Jahreseinnahmen von 4000 Pfund, damals eine stattliche Summe, gab er zeitlebens nur 133 Pfund an.

An dem Ort, von dem sein Titel stammt, gründete Lord Burghley eine Dynastie, deren Nachfahren bis heute dort leben. Ein junger Butler im Stresemann führt mich in den türkisblauen Empfangssalon von Lady Victoria Leatham, der Hausherrin von Burghley. *Her Ladyship* trägt einen verwaschenen Jeansrock und eine geblümte Baumwollbluse. Zu ihren Füßen liegt Raven, ein rabenschwarzer Labrador. »Der Teil des Hauses, in dem wir jetzt sitzen, gehört zu Cambridgeshire, der andere zu Lincolnshire. Je nachdem in welchem Raum ein Mitglied der Familie stirbt, muß man wegen der Todesurkunde entweder nach Peterborough fahren oder nach Lincoln.«

Sie war noch ein Kind, als ihr Vater, der 6. Marquess of Exeter, 1956 das Erbe von Burghley antrat. »Das Haus hatte noch keine Elektrizität, nur Gasbeleuchtung. Die Leitungen waren undicht, überall roch es nach Gas. Mein Vater hatte ein bankrottes Gut übernommen, in England herrschte Depression, viele große Landsitze kamen damals unter den Hammer. Doch wir gaben nicht auf. Wir mußten wertvolle Kunstwerke verkaufen: einen wunderbaren Poussin, chinesisches und japanisches Porzellan, hugenottisches Silber. Die Erbschaftssteuern waren einfach enorm, *absolutely appalling*.«

Es hätte nicht viel gefehlt, und Burghley House wäre damals an den National Trust gefallen. »Wenn Sie ein National-Trust-Haus besuchen, sind die Vorhänge meist zugezogen und die Räume stumm. Es mag dort wunderschöne Blumengebinde geben, aber keinerlei Unordnung, kein Zeichen von Leben. Alles wirkt wie eingemacht, eingeschlossen in Bernstein.«

Lady Victorias Vater war ein berühmter Läufer. Als Hürdenweltrekordler und Olympiasieger brachte er es bis auf die Briefmarken der Dominikanischen Republik, populäre Fortsetzung der Gainsboroughs und Knellers in der heimischen Ahnengalerie. In fortgeschrittenem Alter brauchte der schnelle Lord ein künstliches Hüftgelenk. Den entfernten Hüftknochen ließ er versilbern und als Kühlerfigur statt der Emily auf seinen Rolls-Royce Silver Ghost montieren. Lord Burghley *the Olympic Hurdler* hinterließ eine Vitrine voller Siegespokale, eine Spezialsammlung chinesischer Schnupftabakdosen und vier Töchter. »*Just four daughters*«, sagt Lady Victoria, keinen männlichen Erben.

Nun wäre es an Lord Burghleys Bruder gewesen, die Nachfolge anzutreten. Doch der 7. Marquess of Exeter dachte gar nicht daran, sein beschauliches Leben als Viehzüchter und Sektenführer in Kanada aufzugeben, nur um sich ein altes Haus ans Bein zu binden: »Das hat Onkel Martin nicht gereizt.« So wurde Burghley House in eine Stiftung verwandelt und einer Treuhandgesellschaft überantwortet, die aus dem Kreis der Familie in wechselndem Turnus einen Verwalter bestellt. Lord Burghleys jüngste Tochter übernahm 1982 als erste dieses Erbe auf Zeit: »Eine ziemlich ungewöhnliche Regelung. Aber in solchen Häusern betrachtet sich eigentlich jede Generation nur als Treuhänder für die nächste.«

Mit ihrem Mann Simon, einem Londoner Schiffsmakler, zog Lady Victoria ins Palast-Parterre; ihre beiden Kinder kamen in die zweite Etage, »*because they're very fond of very loud music*«. Den schönsten Teil des Hauses, die Staatsgemächer im ersten Stock, dürfen Leute wie du und ich besichtigen. Wie viele Räume hat Burghley House? »Von den Klatschkolumnisten höre ich, wir hätten 240 Räume«, sagt Lady Victoria, »sie müssen es ja wissen.«

Diskrete Damen aus der Nachbarschaft, mit dem Familiensilber womöglich noch besser vertraut als die Klatschkolumnisten, führen das zahlende Publikum durch Küche und Schlafzimmer derer von Burghley. Wir erfahren, in welchem Himmelbett Queen Victoria 1844 nächtigte und wie der junge Lord Exeter seine Sportkarriere begann (*»Probably by climbing the fourposters«*). Burghleys Gästeliste reicht von Queen Elizabeth I., die eine Linde pflanzte, bis zu dem Reifenkönig Harvey Firestone und dem Ölmagnaten Jean Paul Getty, der auf Diät bestand.

Beim *sleep-in* der Prominenten klärt man uns indes auch über delikatere Fragen auf, etwa über die Datierung eines Prunkbetts des 17. Jahrhunderts (*»Probably* not *used by Elizabeth I.«*) oder über Probleme der Restaurierung handgestickter Bettvorhänge der Stuartzeit. Wir bewundern die 260 blitzenden Kupferkessel, Kannen und Pfannen in der hohen, gewölbten Tudorküche und in der Great Hall den riesigen Weinkühler aus Silber, den nur vier Mann heben können (*Oh, really?*), angefertigt 1710 von einem hugenottischen Silberschmied in London. *»We could spend an hour in each room«*, sagt unsere Führerin nach einer Stunde und achtzehn Räumen.

Im spektakulärsten Salon des Hauses öffnen sich Wände und Decke zu einem himmlischen Schauspiel. Zwischen korinthischen Säulenkulissen treiben Pan und Poseidon, Amor, Mars und Psyche in ungenierter Nacktheit ihre Spiele. Die gute Stube der Burghleys wird zum Tollhaus der Mythologie, das Interieur zum Bildungstempel, die *Grand Tour* zum Zimmertheater. Heaven Room heißt dieser Festsaal barocker Augenlust und Augentäuschung, ein Virtuosenstück des Trompe-l'œil von Antonio Verrio, vollendet 1696. Neben einer Säule am Rand der Zyklopenschmiede sitzend, portraitierte der Künstler sich selbst in Dante-Pose.

Antonio Verrio aus Lecce kam um 1672 nach London. Er führte barocke Dekorationsmalerei großen Stils in England ein. Hof und Adel zählten zu seinen Auftraggebern. Von seinen mehr als zwanzig Deckengemälden für Windsor Castle sind nur drei erhalten. Verrio malte auf Stuck, Leinwand oder Holz, keine Fresken im eigentlichen Sinn. Mit einer königlichen Pension starb er 1702 in einem Haus in Hampton Court. Sein Grab ist unbekannt. Um so detaillierter ist seine Arbeit in Burghley House dokumentiert.

Für jedes seiner vier Deckengemälde in den George Rooms, den Staatsgemächern auf der Südseite des Gebäudes, erhielt Verrio ein Honorar von 200 Pfund, für den Heaven Room 500 Pfund. Mediterrane Delikatessen wurden für den italienischen Künstlerstar und seine Gehilfen importiert, »*to keep them happy*«, um sie bei Laune zu halten. Als Pendant zum Heaven Room konzipierte Verrio die Hell Staircase, doch vollendete er nur das Deckengemälde: die Hölle als gewaltigen Schlund einer Katze, voll von Gequälten und Verzweifelten. Ein solches Inferno im Entree gefiel dem Hausherrn gar nicht.

Sieben Jahre war Verrio in Burghley beschäftigt, nicht nur mit Malerei. Als *womanizer*, als Schürzenjäger, und Schuldenmacher erwarb er sich einen notorischen Ruf. Verrios Auftraggeber war John Cecil, 5. Earl of Exeter, der größte Mäzen und Sammler in der Geschichte des Hauses. Wenigstens viermal machte er die *Grand Tour* nach Italien, und jedesmal kehrte er beladen mit Kunstschätzen zurück. *The Travelling Earl* gab Skulpturen, Gobelins und Möbel in Auftrag, um die elisabethanischen Interieurs von Burghley im italienisch-barocken Stil der Zeit umzugestalten.

Von keinem ihrer Vorfahren schwärmt Lady Victoria mehr als von diesem 5. Earl of Exeter: »Ein erstaunlicher Mann. Er heiratete eine der Töchter des Grafen von Devonshire, Anne Cavendish aus Chatsworth House. Mit ihrem vereinten Vermögen reisten sie durch Europa, gaben alles für Kunst aus und waren am Ende total bankrott – *wonderful, such a great idea!*« Vieles, wie so oft, verschleuderte einer der Erben wieder, weil er Geld für Rennpferde und Jachten brauchte (»*Going round and round the Isle of Wight drinking Sherry*«). Cranach, Lucas van Leyden, fast alle altdeutschen und flämischen Gemälde wurden 1888 verkauft. Was blieb, ist mehr, als wir verkraften können: rund 700 Bilder, darunter Gemälde von Veronese, Artemisia Gentileschi und ihrem Vater Orazio, der als Hofmaler Charles' I. in London starb.

Die unmögliche Frage nach »Lieblingswerken« beantwortet Lady Victoria mit einem dramatischen Szenario: »Wenn ein Feuer ausbräche und ich mitten in der Nacht aus dem Haus laufen müßte, würde ich Pieter

Bruegels *Rent Day* unter den Arm nehmen, Domenichinos Bildnis seiner Geliebten, die kleine Alabaster-Pietà und die japanischen Ringkämpfer aus Porzellan.« Und wahrscheinlich noch das Angelica-Kauffmann-Portrait von Nathaniel Dance und natürlich, dafür ist immer Platz, eine Miniatur, die kostbarste, die einzige von Marcus Gheeraerts dem Älteren signierte und datierte Miniatur, die bisher aufgetaucht ist: eine Dorfszene im Winter, 1557. Diesen Fund machte Lady Victoria, als sie die hauseigene Sammlung der rund hundert Miniaturen recherchierte.

Nein, einen besseren Kurator als Lord Burghleys Tochter hätten seine Treuhänder nicht finden können. Als Antiquitätenexpertin bei Sotheby's ausgebildet und beschäftigt, nutzt Lady Victoria das weltweite Know-how der Firma auch für die Erforschung und Erhaltung der Familienschätze. So fand sie unter anderem heraus, daß die chinesischen Vasen von Burghley tatsächlich aus Japan stammen und seit 1688 im Haus sind – das früheste dokumentierte japanische Porzellan in England. Alte Tagebücher und Inventare zu studieren ist eines ihrer größten Vergnügen: »*It's heaven, because you never know what you're going to find.*«

In den ehemaligen Stallungen hat Lady Victoria eine eigene Restaurierungswerkstatt eingerichtet. Alljährlich zeigt sie in einer Sonderausstellung eines der Spezialgebiete des Hauses: Miniaturen, Silber, mechanische Geräte oder botanische Buchillustrationen des 17. Jahrhunderts. Nicht umsonst trug Burghley allein 38 Exponate zur Superschau »*Treasure Houses of Britain*« in Washington bei, mehr als jedes andere englische Herrenhaus.

Braucht Burghley zusätzliche Attraktionen? Heißluftballon-Wettbewerbe, Löwen im Safaripark? Lady Victoria schüttelt sich. »*Absolutely not!* Wir glauben, daß dies ein akademisches Haus ist, dessen Schätze allein schon genügen.« Offenbar nicht: Bisher kommen kaum mehr als 50 000 Besucher im Jahr. Und das, obwohl Burghley schon im frühen 18. Jahrhundert neben Blenheim Palace, Chatsworth, Wilton und Castle Howard zu den vielgerühmten Kunstpalästen des Landes zählte.

Als ich Burghley besuchte, wurden gerade die Dächer mit Blei neu gedeckt, eine Fläche von 4000 Quadratmetern. »Für Außenreparaturen gibt es staatliche Zuschüsse, für Restaurierung der Kunstwerke und Innenräume keinen Penny«, sagt Lady Victoria. Laufende Kosten für ein Haus dieser Größe? »Jährlich rund 300 000 Mark, ohne Extras. *It's like re-painting the Forth Bridge*«: Ist man hinten fertig, muß man wieder von vorne anfangen.

Um das Erbe ihrer Väter zu erhalten, geht Lady Victoria zeitgemäße Wege. Den Heaven Room gab sie für eine Renault-Werbung her, die Tudorküche für eine Käse-Annonce, das ganze Haus als Filmkulisse für die BBC (»*Great fun, we've all got free breakfast for a week and a bit of money*«).Gerne mieten Firmen für ihr Betriebsfest das Prestige des Adelspalasts: »Wir arrangieren ihnen ein Bankett mit Minnesängern und unserem ganzen Tafelsilber, und nachts können sie bei Kerzenlicht durch die Staatsgemächer flanieren – *great fun.*«

Ohne derlei *commercial sponsorship* wäre Burghley längst am Ende: das Haus in National-Trust-Aspik, die Kunstschätze unter dem Hammer. In Capability Browns neugotischer Orangerie gibt es nun Tee und Kuchen, und wie in amerikanischen Museen hängt dort eine Tafel mit den Namen der Sponsoren, von Sotheby's bis Seibu (Tokio).

Sir Spirit, Elizabeths Schatzkanzler Burghley, konnte nicht ahnen, was es heute bedeutet, in einem Einfamilienhaus mit 240 Räumen und öffentlichen Besuchszeiten zu leben. »*There is a certain lack of privacy*«, sagt Lady Victoria. »Aber ich liebe dieses Haus. *It's like being very fond of chocolate and working in a sweet-factory – perfect!*«

Schirmherren über Schlösser & Schafe

Der National Trust

This is going to be a very big thing«, sprach der Duke of Westminster: »Denken Sie an meine Worte, Miss Hill, das wird eine ganz große Sache.« Ein Rechtsanwalt, ein Pfarrer und die Sozialreformerin Octavia Hill hatten sich im Londoner Stadtpalais des Herzogs getroffen, um einen Verein zu gründen. Am 12. Januar 1895 wurde er offiziell registriert: The National Trust for Places of Historic Interest or Natural Beauty.

»Zum Wohle der Nation die dauernde Erhaltung von Land und Gebäuden zu fördern, die sich durch besondere Schönheit oder historisches Interesse auszeichnen«: Das ist der gesetzlich verankerte Auftrag dieser privaten Treuhandgesellschaft des nationalen Erbes. Ihre Gründer waren Zeitgenossen von William Morris und John Ruskin, Reformer im Geist der Avantgarde und der Gesundheitssandalen. Sie wollten Maßstäbe setzen und Werte erhalten, die sie vom viktorianischen Fortschritt, von Industrialisierung und Urbanisierung bedroht sahen. Dieser zutiefst konservative Charakter des National Trust ist zugleich der Grund seiner anhaltenden Aktualität. Lange vor den Grünen begann dort der Kampf für eine bessere Umwelt.

Im Gründungsjahr 1895 traten dem National Trust 100 Mitglieder bei. Heute sind es mehr als 2,2 Millionen – doppelt so viele Mitglieder wie alle britischen Parteien zusammen. Der National Trust ist der größte private Landbesitzer in Großbritannien. Ihm gehören 240000 Hektar Land und fast 900 Kilometer Küste, etwa ein Sechstel der gesamten Küste von England, Wales und Nordirland (die Schotten haben ihren eigenen Trust). Wer dem Zeichen von Eichenlaub und Eichel folgt, dem Signet des Trust, der lernt eine ganz andere Insel kennen als die der maroden Major-Monarchie.

Der National Trust besitzt 223 Herrenhäuser, 162 Parks und Gärten, 9000 Gemälde und Skulpturen, Hunderte von Bauernhäusern, historische Pubs, Wind- und Wassermühlen, ihm gehören ganze Dörfer und Inseln, die Weißen Klippen von Dover und die Basaltfelsen des Giant's Causeway, Orte des Weltkulturerbes wie die Ruinen von Fountains Abbey, prähistorische Steinkreise und Produktionsstätten der industriellen Revolution. Einen Teil von dem, was der National Trust in hundert Jahren angehäuft hat, vereinte der Maler Carl Laubin auf einer Collage, die als Jubiläumsposter wirbt, ein phantastisches Potpourri aus Burgen, Schlössern und Gärten. Wie eine Insel der Seligen liegt das National-Trust-Land da, jenseits der Misere der britischen Innenstädte und Industriebrachen, ein Disneyland vergangener Pracht und Größe. England, ein einziger Museumspark?

»*O Lord, no!*« Entsetzt hebt Mr. Drury die Arme. »Ich hoffe doch, unser Poster sagt: *This is fun!* Was für ein Vergnügen, was für eine außerordentliche Kollektion!« Martin Drury, 56 Jahre alt, als Generaldirektor des National Trust, residiert in Queen Anne's Gate, zwischen Buckingham Palace und Parlament, umgeben von Mahagoni und der diskreten Aura des Erfolgs. Vom Antiquitätenhändler und Möbelspezialisten ist Martin Drury aufgestiegen an die Spitze einer Institution, die heute mehr Ansehen genießt als die Krone und die Kricketnationalmannschaft.

»In Krisenzeiten profitieren wir besonders. Der National Trust gibt den Menschen ein Gefühl der Sicherheit. Während sich ringsum die Welt rasant verändert, halten wenigstens wir an unseren Zielen fest.« Und diese Ziele, sagt Martin Drury, »sind sehr einfach, jeder kann sie verstehen«. Doch das allein erklärt noch nicht den Erfolg des National Trust. Er ist eine überaus englische Einrichtung, getragen von mehreren nationalen Obsessionen: dem Kult des Gartens und der Herrenhäuser, dem Bedürfnis nach den Segnungen der Countryside und dem Interesse an der eigenen Geschichte.

Von einer Elitevereinigung viktorianischer Philanthropen entwickelte sich der National Trust zu einer Massenbewegung, zu Englands größter Natur- und Denkmalschutzorganisation. Und der Tatsache, daß der Trust seit jeher ein Privatunternehmen ist, verdankt er seine große Autorität. »Wir haben nichts mit der Regierung zu tun, wir sind unabhängig«, betont Martin Drury. »Staatlich subventionierten Einrichtungen mißtrauen die Leute, denn sie wissen: Regierungsinteressen kommen und gehen.« Dabei erhält auch der National Trust staatliche Zuschüsse in Millionenhöhe, im alljährlichen Geschäftsbericht eher beiläufig verbucht hinter Mitgliedsbeiträgen, Nachlässen, Stiftungen und Einnahmen aller Art.

»Fast alle Behörden arbeiten mit hohen Kosten«, bemerkte schon Octavia Hill. »Auch scheinen sie nicht geeignet, die verschiedenen Bedürfnisse der Menschen in vorausschauender und ökonomischer Weise zu befriedigen.« Als echte Bürgerinitiative setzt der National Trust nicht auf den Staat, sondern auf Selbsthilfe. Ebenso fundamental ist ein anderes Prinzip, die Einsicht: Ob Landschaften oder Gebäude, wirksam schützen kann man nur, was man selbst besitzt. Die Unantastbarkeit des Privateigentums, dieses kapitalistische Credo, verbanden die Gründer des National Trust mit sozialistischen Idealen: Ihr Haus- und Grundbesitz sollte offen zugänglich sein für alle und für alle Zeit. Ein eigenes Gesetz gab dem National Trust 1907 das Recht, seine Liegenschaften für »unveräußerlich« zu erklären. Wie ein Zauberwort zitiert Martin Drury diesen Begriff – »*inalienable*, das heißt, wir können unseren Besitz weder verkaufen noch beleihen, und keiner kann ihn uns nehmen.«

Nur ein einziges Mal in seiner hundertjährigen Geschichte mußte der Trust bisher ein Stück Land wieder hergeben. Das war 1968, als die Umgehungsstraße von Plymouth mitten durch den historischen Park von Saltram gelegt wurde. Martin Drury verzieht das Gesicht, als hätte man ihm einen Zahn gezogen. Nun drohen gleich Dutzende ähnlicher Fälle von Vandalismus. Von dem monströsen Straßenbauprogramm der Regierung Major sind etwa vierzig Landschaften im Besitz des Trust betroffen: die Umgebung von Stonehenge, das Goldene Kap von Dorset, Devil's Punch Bowl und andere heilige Kuhweiden der Nation. Nach landesweiten Protesten wird erwogen, eine der geplanten Straßen in einen Tunnel zu verlegen. »Das wäre ein bedeutender Sieg«, sagt Martin Drury. »Es wäre das erste Mal, daß in England nur der Umwelt zuliebe ein Tunnel gebaut würde. Wir sind ja keine großen Tunnelfreunde, wie Sie wissen.«

Für spektakuläre Umweltkampagnen waren sich die Gentlemen des National Trust bisher zu fein. Derlei überließen sie Greenpeace und anderen Aktivisten. »Wir sind keine politische Lobby«, sagte der noch amtierende Generaldirektor Sir Angus Stirling. Vorsichtig deutet sein designierter Nachfolger eine Richtungsänderung an: »Ich glaube, wir werden unsere Stimme in Umweltfragen etwas lauter erheben müssen. Offensichtlich erwarten das unsere Mitglieder.« Tritt da ein neuer, kämpferischer National Trust aus dem noblen Schatten seiner Gärten und Schlösser? Fast 30 000 freiwillige Mitarbeiter, mehr als 2,2 Millionen Mitglieder, mehr als 10 Millionen Besucher: Gewaltig ist das Potential, das da zu aktivieren wäre in einem Land, das bei Umweltsünden immer noch europäische Spitzenwerte erreicht.

Nicht nur die Verkehrsstrategen, auch die Militärs sind scharf auf die Gelände des National Trust. Fern in Cornwall grollt der Maler Patrick Heron: »Dem Trust Land zu überlassen bietet nicht den geringsten Schutz.« Ende der fünfziger Jahre hatte der Künstler sechzig Hektar Moor und Klippen bei Zennor dem National Trust überschrieben, um die wilde Schönheit dieser Küstenlandschaft zu erhalten. Doch kurz nach dem Falklandkrieg ließ die Eiserne Lady dort Truppen trainieren, zur Erbitterung des Pazifisten Heron. »Hätte er dem National Trust sein Land geschenkt und nicht nur unbeschränktes Nutzungsrecht eingeräumt«, sagt Martin Drury, »hätten wir größtmöglichen Schutz garantieren können.« So versucht das Verteidigungsministerium seit Jahren, an der nordwalisischen Küste einen Radarmast auf National-Trust-Gelände zu errichten – bisher ohne Erfolg.

Wie ein Fluch lastet die Zauberformel »unveräußerlich« auf allem, was der National Trust in hundert Jahren angehäuft hat an Pracht und auch an Plunder. Nichts davon darf er verkaufen, alles muß er erhalten und verwalten. Und je mehr Besucher kommen, desto mehr Schäden entstehen. Ehemals einsame Wege im Lake District sind im Sommer so voll wie Piccadilly Circus. Für Churchills Wohnhaus Chartwell und die Gärten von Sissinghurst, für allzu populäre Ausflugsziele gibt es zeitlich befristete Eintrittskarten wie einst zur Van-Gogh-Ausstellung in Amsterdam. Erstickt der National Trust an seinem Erfolg?

Rund 345 Millionen Mark Jahresumsatz: nicht schlecht, aber längst nicht genug. Drei Viertel aller National-TrustBesitzungen haben Finanzierungslücken. Neben dem großen Jubiläumsaufruf laufen zur Zeit 48 verschiedene Spendenappelle: »Für den Anfang dachten wir an etwa fünfzig Millionen Mark. Natürlich brauchen wir weit mehr.« Nächst dem Kinderhilfswerk ist der National Trust Englands erfolgreichster Spendentrommler, noch vor Oxfam, Heilsarmee und Rotem Kreuz.

»This is going to be a very big thing.« Miss Octavias grün gewirkter Wohltätigkeitsverein ist längst ein hochprofessionelles Wirtschaftsunternehmen. Die Firma mit dem Eichenlaub betreibt 130 Teestuben und Restaurants, eine Ladenkette mit mehr als 200 Filialen für Geschenkartikel, Publikationen und Schnickschnack, einen florie-

renden Versandhandel und eine eigene Ferienhaus-Vermietung. Der Trust ist Englands größter Hersteller von *scones*, dem nationalen Teegebäck. Es soll Kenner geben, die nur der *cream teas* wegen Knightshayes Court besuchen, das viktorianische Trust-Haus in Devon. Bestseller im National-Trust-Geschäft 1994 waren Sitzstökke, wasserdichte Picknickteppiche, Gärtner-Handcreme und Beatrix-Potter-Geschirrtücher.

Alle National-Trust-Shops riechen gleich: nach Lavendel, Kräuterkissen und Big Business. Mit einem Jahresumsatz von rund hundert Millionen Mark ist National Trust Ltd. Marktführer im Geschäft mit dem nationalen Erbe. Noch die verwegensten Produkte floraler Phantasie dienen indes dem einen Ziel: exemplarische Häuser und Landschaften zu erhalten, die sonst verloren wären. Oder wiederherzustellen, was fast schon verloren war. Zum Beispiel Uppark in Sussex.

Ein Landsitz in den South Downs mit Blick über Wälder und Hügel und in der Ferne die See. Räume des 18. Jahrhunderts, Möbel aus dem Zeitalter der Eleganz. Hier soll die schöne Emma Hart, bevor sie Nelsons Geliebte wurde, zum Entzücken der Gäste nackt auf dem Tisch getanzt haben. Kurzum, ein wunderbares Haus. Am 30. August 1989 brannte es bis auf die Grundmauern aus. Fast alle Möbel und Bilder konnte man retten. Nicht aber die filigranen Stuckornamente, die vergoldeten Holzschnitzereien, karmesinroten Samttapeten, elfenbeinfarbenen Täfelungen und Türeinfassungen.

Fünf Jahre lang, in einer Restaurierungsorgie ohnegleichen, rekonstruierte der National Trust die Interieurs von Uppark. Mehr als 4000 Mülltonnen voll Schutt wurden durchsiebt, fast 750 000 Fragmente aus Stuck, Holz oder Metall identifiziert, auf Computer übertragen, an der richtigen Stelle wieder eingesetzt, und was fehlte, wurde originalgetreu kopiert. Nur eine Nation von Puzzle-Freaks, besessen von Kreuzworträtseln und Geschichte, bringt derlei zustande. Am schwierigsten wiederherzustellen war die Patina verschlissener Pracht. Silbergrau sollten die Wände sein, nicht strahlend weiß, die neuen Tapeten künstlich verblichen, alles genau so, wie es aussah am Tag vor dem Brand. Verrückt? Ja, verrückt. Auch deshalb lieben wir ja dieses Land und seinen National Trust. Rund fünfzig Millionen Mark hat dieses bisher aufwendigste Restaurierungsprojekt des Trust gekostet, ein neuer Rekord von *historical correctness*.

Man wirft dem National Trust gelegentlich vor, er rette Herrenhäuser vor dem Verfall, nur um sie dann in Mausoleen zu verwandeln. Tatsächlich erfreuen sich die vielgeschmähten Symbole des Elitären größter Popularität. *Stately homing*, das Besichtigen von Herrenhäusern, ist ein britischer Volkssport und der National Trust sein professionellster Veranstalter.

Dabei besaß er bis in die dreißiger Jahre nur zwei Country Houses. 1945 erst siebzehn, Ende der achtziger Jahre aber rund zweihundert. Die Depression in der Landwirtschaft hatte die ökonomische Grundlage der großen Güter zerstört. *Death duties*, Erbschaftssteuern bis zu neunzig Prozent, besiegelten den Niedergang der *landed class* und ihrer Häuser. Möbel und Kunstsammlungen wurden versteigert, Gebäude und Gärten verkauft, parzelliert, dem Verfall oder den Investoren überlassen. Eine ganze Kultur, über Jahrhunderte gewachsen, drohte zu verschwinden. In dieser Situation trat der National Trust als Retter auf und zugleich, wie der Historiker David Cannadine schreibt, als »Leichenbestatter, der die einst großen Machtzentren für die Nachwelt einbalsamierte«.

Ein Gesetz ermöglichte es den Landlords, ihre Güter anstelle von Erbschaftssteuern dem Finanzminister zu überschreiben, der alles weitergibt an den National Trust. Der übernimmt solche kostbaren Lasten nur, wenn die einstigen Besitzer mit einer gehörigen Summe zum Unterhalt ihrer Häuser beitragen. Dann dürfen die Stifter, wenn sie wollen, weiter auf ihren Landsitzen residieren, als Untermieter des National Trust – ein aristokratisches Artenschutzabkommen besonderer, englischer Natur.

Einer der Nutznießer dieser Symbiose ist Lord Egremont. »Nach dem Krieg sah es so aus, als gäbe es keine Zukunft für Landsitze wie unseren. Petworth ist ein sehr großes Haus, wir hätten es nicht mehr alleine unterhalten können. Um sicherzustellen, daß alles für immer zusammenblieb und keines der Kunstwerke verkauft werden mußte, gab mein Vater Petworth 1947 dem National Trust. Wir haben es nie bereut.« Draußen im Park grast in großen Rudeln das Rotwild – ganz so wie auf den Bildern, die William Turner hier malte, als Gast des 3. Earl of Egremont. Haus und Park gehören heute dem National Trust, das Rotwild den Egremonts und beiden zur Hälfte die Turner-Sammlung, die größte außerhalb der Museen.

Die wahren Landlords wissen nie, wie viele Räume ihre Häuser haben, wenn man ihnen so vulgäre Fragen stellt, und wieviel Miete er dem Trust zahlt, auch daran kann Lord Egremont sich nicht erinnern. Mit seiner Frau, vier Kindern und ohne Butler bewohnt er ein Drittel des langgestreckten Gebäudes. Den Rest besichtigen mehr als 70 000 Besucher im Jahr. »Hin und wieder kommt einer auch hier herein, durch das Doppelportal.« Doch das stört ihn sowenig wie die Regie des National Trust. »Außerordentlich nette Leute! Sie wurden nie etwas tun, was wir ablehnen.«

Lord Egremont, Autor von Romanen und historischen Biographien, weiß zu schätzen, daß der Trust ihm die Verantwortung für den riesigen Besitz abgenommen hat, den er gleichwohl genießen kann, als gehörte er ihm immer noch. Gern sagt auch der Marquess of Anglesey, Untermieter des National Trust auf seinem ehemaligen Familiensitz in Wales, er lebe jetzt »wie in der Sänfte auf dem Rücken eines weißen Elefanten«, den er nicht einmal mehr füttern müsse.

Nicht immer ist das Verhältnis so ungetrübt. Mal trifft der National Trust nicht die richtige Farbe bei einer Restaurierung, mal nicht den richtigen Ton im Umgang mit dem entmachteten Hausherrn. »In 50 unserer rund 200 Häuser leben noch die Stifter oder ihre Familien«, sagt Martin Drury. »Wenn Sie bedenken, wie empfindlich solche Partnerschaften sind, ist es um so bemerkenswerter, daß es so wenig Ärger gibt.« Auch Lord St. Levan sieht keinen Grund zur Klage. St. Michael's Mount, seine Felsenburg vor der Küste von Cornwall, hat Pilger, Piraten und Soldaten überlebt, die Armada und den Bürgerkrieg, und sie wird auch den National Trust überstehen. *His Lordship* ist nur noch Untermieter, gewiß, doch sein Pachtvertrag gilt für 999 Jahre. Den Bau eines neuen Besucher-Entrees konnte er verhindern: »Mein Vater wollte Schönheit und Charme der Insel erhalten, ohne Neubauten für touristische Zwecke. Darum gab er St. Michael's Mount ja dem National Trust.« Nun hat er fast 200 000 Besucher im Jahr und keine Gartenruhe mehr im Liegestuhl. »Herrenhäuser sind eine Art Theater. Und ein Wirtschaftsfaktor: Hier in Cornwall haben wir eine Arbeitslosenrate von achtzehn Prozent.«

Statt sich noch mehr historische Häuser aufzuladen, sagt Lord St. Levan, »sollte der National Trust sich auf den Schutz der Countryside konzentrieren. Ein Großteil von Cornwall wird für immer ruiniert, vor allem durch Supermärkte und Bungalows«. In der Londoner Trust-Zentrale hat man die Signale durchaus erkannt. Seit Jahren werden Herrenhäuser nur noch in Ausnahmefällen übernommen. »Das nächste Jahrzehnt ist das Jahrzehnt der Landschaft«, sagt Martin Drury. »Wir müssen uns mehr und mehr darum kümmern, Freiland vor den Folgen des Niedergangs der Landwirtschaft zu schützen.«

Nicht weit vom südenglischen Bournemouth liegt eines der Bilderbuchdörfer des National Trust, Corfe Castle, umgeben von ausgedehnten Ländereien. Abseits der pittoresken Burgruine und Felsenküste liegt Manor Farm, ein unscheinbarer Bauernhof, exemplarisch für die andere, unspektakuläre Arbeit des National Trust. Seit 1991 betreibt Austin Smith, ein einheimischer Bauer, das 240-Hektar-Gut als Pächter des Trust, in ständigem Kontakt mit dessen Countryside-Manager Geoff Hann. Seither sickert keine Gülle mehr ins Grundwasser, statt Kunstdünger kommt Kuhmist auf die Felder, und gespritzt wird nur noch mit umweltverträglichen Herbiziden. Bäume wurden gepflanzt, neue Hecken angelegt, weniger ertragreiche Äcker in Heideland zurückverwandelt. »Dort hält Austin eine Herde *Dorset horn*«, lobt Geoff. »Schafe für Geoffs Naturschutz-Hügel«, sagt Austin.

Dank der Hilfe des National Trust macht Austins Familienbetrieb sogar bescheidenen Gewinn. Zum biologischen Gleichgewicht gehört schließlich auch, daß einer von seinem Land leben kann. Wanderwege machen die Güter allgemein zugänglich, und weil die Brüsseler Milchquote weit geringer ist als die Zahl der Touristen in Dorset, verwandelt Austin gerade einen Teil seines Kuhstalls in eine Teestube.

Dem National Trust gehören sämtliche Parkplätze an der Badebucht von Studland. Täglich 3500 Autos: gut für die Kasse, schlecht für die Umwelt. Gleichwohl gedeihen in den grünen Hügeln der Studland Bay sechs seltene Schlangen- und Eidechsenarten und die noch rareren Exmoor-Ponys, Geoff Hanns ganzer Stolz. »Es gibt auf der Welt nur noch 250 Zuchtstuten. In zehn Jahren haben wir hier mindestens 60.« Die Rückkehr seltener Tierarten, die Wiederherstellung ursprünglicher Landschaften, das ist für den National Trust ebenso wichtig wie die Restaurierung eines Hauses.

Zum Jubiläum wollen wir dem National Trust keine Eiche, aber wenigstens eine Rose pflanzen. David Austin hat sie kreiert, sie blüht pinkfarben und heißt *Octavia Hill*.

Der Bestseller-Lord

Jeffrey Archer in Grantchester

Eigentlich gibt es nur einen Weg, um stilvoll von Cambridge nach *Grantchester* zu kommen: *punting*, im Stechkahn auf dem River Granta. Für Generationen von Studenten gehörte diese Flußpartie mit Freundin und Picknickkorb zu einem ordentlichen Trimester wie Tutorial und May Ball. Schön ist auch der Uferweg von Cambridge den Fluß entlang durch die *Grantchester Meadows* und weiter zu *Byron's Pool*. Wo Lord Byron als Student gelegentlich schwimmen ging, erstmals 1805, stand im Mittelalter eine Wassermühle, Trumpington Mill. Dort siedelte Geoffrey Chaucer eine seiner *Canterbury Tales* an, die Geschichte des eitlen Müllers, dem zwei Studenten die Leviten lesen, und Alfred Tennyson schrieb ein Gedicht auf *The Miller's Daughter*. Grantchester und der River Granta sind Orte der Dichter. Keiner hat sie populärer gemacht als Rupert Brooke:

Oh! there the chestnuts, summer through,
Beside the river make for you
A tunnel of green gloom, and sleep
Deeply above; and green and deep
The stream mysterious glides beneath,
Green as a dream and deep as death.

Verse eines 25jährigen Cambridge-Absolventen, geschrieben im Mai 1912 im Café des Westens in Berlin, dem

Treffpunkt der intellektuellen Boheme. »Temperamentvoll *German Jews / Drink beer around*«, beobachtet Rupert Brooke und erinnert sich an die Wiesen bei »*Haslingfield and Coton / Where* das Betreten *'s not* verboten«. Vom Heimweh gepackt, schreibt er eine Hymne an England, *The Old Vicarage, Grantchester*, eine Hommage auf den verlorenen Ort seiner Jugend:

Oh, is the Water sweet and cool,
Gentle and brown, above the pool?
And laughs the immortal river still
Under the mill, under the mill?
Say, is there Beauty yet to find?
And Certainty? and Quiet kind?
Deep meadows yet, for to forget
The lies, and truths, and pain?

Und dann die vielzitierten, sprichwörtlich gewordenen Schlußverse:

Stands the Church clock at ten to three?
And is there honey still for tea?

Brookes Grantchester ist der Ort, wo die Zeit stehenblieb. Den Vorschlag, zur Erinnerung an den Dichter die Zeiger der Kirchturmuhr für immer auf zehn vor drei zu stellen, wies der Dorfpfarrer prosaisch zurück. Rupert Brooke, Sohn eines Lehrers aus Rugby, wohnte zunächst im King's College, bevor er im Juni 1909 nach Grantchester zog, um dort in Ruhe seine Dissertation über den elisabethanischen Dramatiker John Webster zu schreiben. Er mietete ein Zimmer im *Orchard*, der wirklich ein Obstgarten ist, das schönste Gartenlokal am River Granta, bis es 1990 schloß. Mit dem Honig der Bienen seiner Wirtsleute süßten die Gäste ihren Tee, und nach den durchtanzten Nächten der May Week trafen sich die Studenten morgens um sechs zu legendären Frühstückspartys im *Orchard Tea Garden*. Im Winter 1910 zog Rupert Brooke ins benachbarte *Old Vicarage*, ein Backsteinhaus von 1683. »Ein verlassenes, einsames, überwachsenes, düsteres, herrliches Haus«, schwärmte er, »muffig von den Geistern von Generationen modernder Pfarrer.« Für drei Zimmer mit Vollpension zahlte er 30 Shilling pro Woche.

»*My real life began since I went to live at Grantchester*«, schrieb Rupert Brooke an einen Freund, und an einen anderen: »Willst du nicht herkommen? Ich kann dir alle möglichen ländlichen Vergnügen versprechen, Baden gehen, Käse und Obst und Ausflüge nach Cambridge ...« Im Sommer 1911 besuchte ihn auch Virginia Woolf, die damals noch Stephen hieß, und in einer warmen Mondnacht (»*let's go swimming, quite naked*«) gingen sie schwimmen in Byron's Pool, einem kleinen Stauwehr am Ortsrand von Grantchester. Die »*Neopagans*«, wie Virginia Woolf den Freundeskreis um Rupert Brooke nannte, die »neuen Heiden«, feierten in Versen und bukolischen Ausflügen die Freuden des einfachen Lebens, jenseits der modernen, urbanisierten Welt. Naturschwärmerei, sozialistische Ideen, sexuelle Libertinage, das traf sich zwanglos in der ländlichen Idylle der Intellektuellen von Cambridge. Strahlender Mittelpunkt dieses Kreises war Rupert Brooke: barfuß, mit offenem Hemd und langen Haaren, *»a young Apollo, golden-haired«*,* umschwärmt von Frauen und Männern, selber hin- und hergerissen zwischen bi- und homosexuellen Neigungen, *a flirt*, ein Charmeur, der geborene Sieger.

Enthusiastisch wie die meisten seiner Generation zog er 1914 in den Krieg: *»The thing God wants of me is to get good at beating Germans.«* Schon ein Jahr später starb Rupert Brooke, 27jährig, auf einem Lazarettschiff im Mittelmeer. Daß er nicht im Kampf starb, sondern an einem Mückenstich, war eigentlich nicht ganz angemessen für einen englischen Nationalhelden. Doch Churchill, damals Erster Lord der Admiralität, widmete dem *»poet soldier«* einen flammenden Nachruf in der *Times*, nicht ohne politisches Kalkül: Am Tag vor Rupert Brookes Tod hatten die Deutschen erstmals Giftgas in Flandern eingesetzt. Das ganze Elend dieses Krieges durchlebte ein anderer englischer Lyriker, Wilfred Owen, der Dichter des *Pity of War*, bis er 1918 mit 25 Jahren in Flandern fiel.

In einem Olivenhain auf der ägäischen Insel Skyros wurde Rupert Brooke begraben. *»If I should die, think only this of me: / That there's some corner in a foreign field / That is for ever England ...«* Noch bis vor wenigen Jahren lag das Manuskript seiner patriotisch-idealisierenden Kriegssonette in einer Vitrine vor dem Denkmal der gefallenen College-Angehörigen in der Chapel von King's in Cambridge. Die Aura goldener Jugend

* Diese romantische Aura umgibt auch Rupert Brookes Bildnis in der Londoner National Portrait Gallery, gemalt 1911 von Clara Ewald in München, in deren Haus Brooke nach seinem Examen zu Gast war.

und sein früher Tod machten Rupert Brooke zur romantischen Legende, zur Symbolfigur der verlorenen Generation des Ersten Weltkriegs. Dabei beruht sein Ruhm nur auf wenigen Gedichten, eigentlich nur auf einem einzigen: *The Old Vicarage, Grantchester*.

Heute dient der Rupert-Brooke-Mythos vor allem als Touristenattraktion. Von *Grantchesters Pub* mit dem grellen Konterfei des Poeten strebt der literarische Pilger zur Kirche, deren Turmuhr leider gerade nicht die fotogene Uhrzeit zehn vor drei anzeigt, zum *Orchard* und weiter zur *Old Vicarage*, wo Rupert Brooke einst logierte. Doch dort, für viele seiner Fans ein Sakrileg, lebt seit 1980 ausgerechnet der Polit- und Skandal-Autor Jeffrey Archer. »Rupert Brooke wohnte oben, wo wir jetzt unsere Schlafzimmer haben. Eine Menge schwärmerischer Mädchen, die ihm nachtrauern, weil er so schön war, laufen durch unseren Garten und rezitieren seine Gedichte. Aber schwärmerische Mädchen stören mich nicht.«

Im Liegestuhl in Jeffrey Archers Garten liegt eine nackte Frau mit einem Buch und ganz aus Bronze. Zwischen Weiden und Kastanien schimmert das Wasser des River Granta. Dies ist Englands flachste Grafschaft, und Sir Jeffrey ist Präsident der »Gebirgsrettungsmannschaft von Cambridge«, die bisher noch zu keinem anderen Einsatz gerufen wurde als zur alljährlichen Dinner-Party. »Unser Dorf hat knapp 1000 Einwohner, drei Nobelpreisträger, fünf Mitglieder der Royal Society und acht Cambridge-Professoren«, sagt Jeffrey Archer. »Und einen Bestseller-Autor«, sage ich. »Ja, nur einen«, grinst er.

Als ich Archer besuchte, hatte der amerikanische Verlag HarperCollins gerade die Rechte an seinen nächsten drei Büchern erworben, en bloc für rund 30 Millionen Dollar. »*Archer rose by writing trash / That made him piles and piles of cash*«, spottete sein weniger erfolgreicher Kollege A. N. Wilson. Auf Archers Schreibtisch steht eine Sanduhr, eigens für ihn angefertigt. Nach zwei Stunden ist sie leergelaufen. Nach dieser Stoppuhr schreibt er seine Dollarweltrekorde. »Ich stehe um sechs Uhr auf. Von sieben bis neun schreibe ich, nach einer Stunde Pause weiter von zehn bis zwölf. Mittagspause, Schreiben von drei bis fünf, Pause, Schreiben von sechs bis acht – *it's agony, I hate it!*« Seine Disziplin, meint Jeffrey Archer, diesen rigiden Schreibrhythmus verdanke er seinem Training als Leichtathlet. Für sein College in Oxford (Brasenose) lief er die 100 Yards in 9,6 Sekunden, jahrelang Uni-Rekord. Als Mitglied der britischen Nationalmannschaft nahm er 1964 sogar an der Olympiade teil.

Aufsehen erregte der junge Sprinter vor allem durch sein PR-Talent. Bei einem Benefizbankett in Oxford gelang es ihm, den ehemaligen Premierminister Harold Macmillan und die Beatles an einen Tisch zu bringen. Damals bemerkte Ringo Starr, als er den agilen Archer beim Spendensammeln sah: »*That guy would bottle my pee and sell it for five pounds*«. Mit 25 gründete der Oxford-Absolvent eine eigene PR-Firma. Mit 26 zog er als jüngstes Mitglied in den Stadtrat von Großlondon, mit 29 als jüngster Tory-Abgeordneter ins Unterhaus. Sein Ziel hatte er schon als Vierjähriger verkündet: Premierminister. Doch dann passierte die Sache mit Aquablast.

Ein Schwindelunternehmen prellte ihn um sein gesamtes Vermögen. Mit mehr als drei Millionen Mark Schulden trat Archer 1974 als Abgeordneter zurück. Seine Karriere schien beendet. Damals fing er an zu schreiben. »Ich suchte einen Job. Ich wollte irgend etwas tun.« In zehn Wochen schrieb er seinen ersten Roman, »*Not a Penny More, Not a Penny Less*« – ein Bestseller. Es war der Beginn seiner zweiten, unglaublichen Karriere. *Attentat*, *Kain und Abel*, *Abels Tochter*, *Rivalen* – jeder neue Roman Jeffrey Archers wurde ein Millionending, einer erfolgreicher als der andere. Je süffisanter die Kritiker ihn verrissen, desto gieriger verschlangen ihn die Leser. Archer, das ist der Triumph des Trivialen.

Sechs Jahre blieb er der politischen Arena fern. Dann betrieb er sein Comeback. Er hielt Reden für die Konservativen, landauf, landab, Kärrnerarbeit für die Partei. Jeffrey Archer hatte es vom Bankrotteur zum Millionär gebracht, aus eigener Kraft. Die Cleverness der aufsteigenden *middle class*, Ehrgeiz, Leistung – glänzend verkörperte J. A. die neuen Tugenden der Ära Thatcher. Der Lohn blieb nicht aus: Lunch mit Maggie, Ernennung zum Vizevorsitzenden der Partei. Doch bevor der flotte Jeffrey seine Vision von *Great Britain Ltd.* so richtig entwickeln konnte, hatte Maggies Goldjunge wieder Pech und die Nation einen neuen Skandal.

Diesmal ging es um Sex, was die Briten bekanntlich noch mehr interessiert als Kricket. In seinem Roman *Rivalen* hatte Archer beschrieben, wie eine Prostituierte einen Politiker erpreßt. Das passierte dem Autor nun selbst. Archer trat sofort zurück. Die Tory-Bettgeschichte, von der Schmuddelpresse als Staatsaffäre inszeniert, stellte seinen biederen Roman weit in den Schatten. Was würde er heute anders machen? »*You should never look back*«, sagt Archer zornig. »Ja, ich mache Fehler, beklage sie ein paar Stunden, schiebe sie beiseite – *and then I go forward*!«

Wieder gelang es Jeffrey Archer, aus seinem Knockout Kapital zu schlagen. Und wieder ging er aus der Politik in die literarische Deckung. Gegen die Boulevardzeitung *The Star* führte er einen spektakulären Prozeß um seine verlorene Ehre, gewann und kassierte die höchste Summe, die je in England bei einer Verleumdungsklage gezahlt wurde: rund 1,5 Millionen Mark Schmerzensgeld. Das stiftete er für wohltätige Zwecke. Dann schrieb Archer sein erstes Theaterstück, *Beyond Reasonable Doubt*, eine Gerichtsklamotte, die zwei Jahre im Westend lief. Wenig später kaufte er sich das Londoner Playhouse. Wie ließe sich die Freude am Spektakel und am Spekulieren besser verbinden als mit einem eigenen Theater?

Papiere, Termine, Terminpapiere. Archer diktiert, Archer telefoniert, Archer vibriert. Von seiner Londoner Penthouse-Wohnung an der Themse hat er alles im Blick: das Parlament, die Türme der City, das Geld, die Macht, alles zum Greifen nah. Seine Bücher sind in mehr als 30 Sprachen übersetzt, auch ins Chinesische. Mit einer Gesamtauflage von über 100 Millionen gehört er in die Supersellerliga, neben Stephen King, Ken Follett, John Le Carré. Will er etwa immer noch Premierminister werden? »Ich bin ein absolut aktiver Politiker, Tag und Nacht«, betont Jeffrey Archer, als sei er entrüstet darüber, daß ich ihn in erster Linie für einen Schriftsteller halten könnte.

Über eine gußeiserne Wendeltreppe verlassen wir sein Arbeitszimmer in Grantchester. Unten sitzt seine Frau am Computer: Mary Archer, Oxford-Absolventin, ehemalige Cambridge-Professorin, Expertin für Sonnenenergie, Ex-Direktorin von Anglia TV und Beraterin einer Handelsbank. »*She's a very clever girl*«, sagt Archer, »wir sind beide Workaholics.« In der Halle des neugotischen Gartenpavillons, den Mary mit einem gläsernen Anbau erweitern ließ, zeigt er mir eine Gedenkplakette, wie sie an bedeutenden historischen Gebäuden zu finden ist: »*Mary's Folly, opened by John Major 1. July 1990.*« Auf dem Dach ist eine Wetterfahne mit Pfeil und Bogen, und dieser Pfeil fliegt immer mit dem Wind – erst mit Margaret Thatcher, dann für John Major.

Jeffrey Archer war *Mrs. Thatcher's Bestseller*, ihr treuer Trommler und ihr Lieblingsautor. Was sie an seinen Büchern schätzt? »Daß Leistung sich lohnt. Darum geht es ja in vielen meiner Geschichten.« Nach dem Rücktritt der Eisernen Lady setzte er sich bedingungslos für ihren Nachfolger ein, seinen Kricketfreund John Major. Sohn eines Hochseilartisten, mit 16 von der Schule, weder Cambridge noch Oxford – und dann Premierminister: »*He's the new breed in Britain*«, er verkörpert das neue England. Wieder reiste Jeffrey Archer überall im Land herum und hielt Reden für John Major. »Natürlich hoffe ich, er gibt mir einen Job«, sagte er mir damals. Fast wäre er *Minister of Fun* geworden, Minister für Kunst und Sport. Doch Archer wurde nur Baron, abgeschoben ins Oberhaus. »*Lord Archer of Make Believe*«, wie der *Observer* ihn titulierte, Rekordläufer mit dem goldenen Finger, Bankrotteur, Millionär, ein Mann der Karrieren und Affären, Unterhaltungskünstler im Unterhaus, aufgestiegen ins Oberhaus: Wo gäbe es so einen in Deutschland, im Parlament der biederen Politprofis?

»Schreiben hat mit Politik nichts zu tun. In meinen Büchern gibt es keinen Sex, keine Gewalt, keine anstößigen Wörter.« Ist das vielleicht das Geheimnis Ihres Erfolgs? »Wenn es ein Rezept dafür gäbe, würden Sie doch selbst einen Bestseller schreiben und nicht hier in Grantchester sitzen und meinen Kaffee trinken.«

»Airport-Literatur«, »der neue Edgar Wallace«: Solche Kritik verletzt ihn. Indes sind ihm seine Millionen Leser lieber als ein Ehrengrab in der *Poets' Corner* in Westminster Abbey. »Ich bin kein Graham Greene. Ich bin nur ein Geschichtenerzähler.« Wer das für Bescheidenheit hält, kennt Archer schlecht. »Einer meiner liebsten Autoren ist Hermann Hesse, ein großer Geschichtenerzähler – und er bekam den Nobelpreis.« Doch auf den wird der kleine Gatsby von Grantchester wohl vergeblich warten.

Alljährlich im Sommer treffen sich Literaten, Politiker und Klatschkolumnisten aus London zur Gartenparty der Archers, bei Schampus und Erdbeeren mit Sahne. Im *Rupert-Brooke-Pub* hat man Lord Jeffrey noch nie gesehen, wohl aber sonntags in der Kirche, deren Chor Mary Archer dirigiert. Grantchester Church hat drei umwallte Friedhöfe. Bauern und Professoren, *Men with splendid hearts* haben dort seit dem Mittelalter ihre letzte Ruhe gefunden. Es wäre kein akademischer Friedhof, hätten zwei Wissenschaftler 1986 nicht noch etwas anderes dort gefunden: 16 verschiedene Schneckenarten, 44 Flechten sowie 36 Moosarten, darunter das seltene Moos *Tortula papillosa*.

Das Aldeburgh-Festival

Pastorale mit Nebengeräuschen

Weiß leuchten die Lüftungsschächte der Maltings über der Marsch, wie Schlote eines gestrandeten Ozeanriesen. Aus der alten Malzerei dringen Schönbergs *Herzgewächse*, Opus 20, letzte Proben von Harfe und Sopran. Schon promenieren sie in langen Abendkleidern über den Deich und richten ihre Operngläser erwartungsvoll ins Grüne: *Oh look, a redshank!* Ein Rotschenkel, tatsächlich, Lachmöwen und Austernfischer, die klassische Besetzung im Schlick der Alde-Mündung. Eine kleine Wassermusik, bei *Adnams Bitter* und Champagner, bevor die Festivalglocke läutet. Gibt es einen schöneren Konzertbeginn als diesen, an einem milden Sommerabend an der Küste von Suffolk?

Alle Welt kennt Glyndebourne und sein Festival, aber Aldeburgh? Selbst im gewöhnlich gutsortierten Festspielkalender der *ZEIT* hat Aldeburgh bisher gefehlt. Gewiß, eine Britten-Oper in einer alten Malzerei hat nicht den Jet-set-Appeal der *Aida* in den Tempelruinen von Luxor. Aldeburghs Attraktionen sind weniger spektakulär: *homemade*, ein Festival aus urbanem Geist und dem Atem der *countryside*. Pastorale mit Nebengeräuschen, Wind vom Meer, knarrende Holzbänke beim Madrigalkonzert in den Dorfkirchen der Tudorzeit.

Aldeburgh ist ein großes Familienfest in der englischen Provinz mit internationalen Gästen. Janet Baker, Heather Harper, Lutoslawski und Henze, Menuhin,

Anne-Sophie Mutter, Colin Davis, Clifford Curzon: sie alle haben hier gespielt, gesungen, dirigiert. Stammgäste wie den Cellisten Rostropowitsch empfängt das Publikum mit Ovationen. Aber auch junge, unbekannte Musiker finden hier einen ganz anderen, persönlichen Kontakt zu ihren Hörern als auf den Podien der verwöhnten Metropolen.

Von den Maltings an der Alde wurden einst Gerste und Malz nach London transportiert, auf *barges*, Lastkähnen mit breitem Bug und rostbraunen Segeln. *The hardy sea-faring music lover*, der maritime Musik-Snob, kommt auf der *Ethel Ada* zum Festival, auf einem restaurierten Lastensegler: *Aldeburgh by Barge* – im Rolls-Royce kann man schließlich auch nach Glyndebourne.

Unverputzte rote Backsteinwände, offener Dachstuhl: Kenner rühmen den Konzertsaal der Maltings als einen der besten Europas, seiner Akustik wegen. Im Sommer 1980 freilich trommelte der Regen so stark aufs Dach, daß man Mozarts Klavierkonzert KV 413 unterbrechen mußte. Aber derlei passiert ja selbst beim Endspiel von Wimbledon.

Ove Arup, Architekt des Opernhauses von Sydney, hat die viktorianische Mälzerei in Snape zur Konzerthalle umgebaut. Als Queen Elizabeth sie 1967 eröffnete, war das Festival schon 20 Jahre alt. Begonnen hatte es sechs Meilen entfernt in der kleinen Jubilee Hall von Aldeburgh.

Drei lange Straßen, parallel zum Strand, ein paar Shops, ein paar Pubs: das ist Aldeburgh, bekannt für seine Heringe, Sprotten und Benjamin Britten. *Slow please*, warnt ein handgemaltes Schild den Autofahrer,

Cats Crossing. Was die Einheimischen euphorisch *beach* nennen, sieht eher so aus, als hätten sie dort sämtliche Kiesgruben der Umgebung aufgeschüttet, um größeren Fremdenverkehr zu verhindern. Ein richtig *fashionable* Seebad ist es denn auch nie geworden. Um so kräftiger hat sich hier ein Klima entfaltet, dem dieses Festival seinen Charakter verdankt: Klein-Salzburg an der englischen See.

»*That miserable, dull sea village*«, wie Virginia Woolf Aldeburgh einmal nannte, »jenes armselige, trübe Küstendorf«, ein Ort ohne kulturelle Eigenschaften: ausgerechnet hier ein Festival? August 1947, drei Freunde mit ihrer *English Opera Group* unterwegs zu den Luzerner Festwochen: Benjamin Britten, der Sänger Peter Pears und der Librettist Eric Crozier. Man war tourneemüde, vielleicht auch ein bißchen nationalstolz, jedenfalls fragte Peter Pears: »*Why not start our own little festival?* Mit ein paar Konzerten von Freunden in unserer eigenen Stadt?«

So geschah es, im Juni 1948. In der Pfarrkirche von Aldeburgh wurde Brittens Kantate *Saint Nicolas* uraufgeführt – mit dem Publikum als Chor, weil man noch kein Geld für Profis hatte. Das Schumann-Klavierkonzert fand im Kino statt, mittendrin ertönten zwei Kanonenschläge: eine Jacht in Seenot, Signalschüsse für das Auslaufen des Rettungsbootes. Abends sang Peter Pears den *Albert Herring*, und in der Pause ging man an den Strand.

»Es begann sehr bescheiden«, erinnerte sich Eric Crozier, einer der drei Festivalgründer. »Damals, in den ersten Nachkriegsjahren, war das Benzin bei uns noch rationiert, und die große Frage war: Würden überhaupt genug Leute kommen?« Aldeburgh, eine unbekannte Kleinstadt an der Küste; Britten, ein junger Komponist am Anfang seiner Karriere: der Start hätte kaum schwieriger sein können, der Erfolg kaum schöner. Aldeburgh wurde zur Hauptstadt der *Great Britten*-Fans, und zum 40jährigen Jubiläum des Festivals taufte British Rail seinen Nachtexpreß von London nach Amsterdam *Benjamin Britten*.

»Anfangs gab es noch Open-air-Konzerte«, erzählte mir Eric Crozier beim Tee in seinem Cottage. »Das Publikum saß am Ufer eines Sees, und Imogen Holst dirigierte vom Ruderboot aus die Musiker in den anderen Booten.« Eric schrieb Librettos, sorgte für Beleuchtung und Organisation. Seine Frau Nancy Evans sang viele Opernrollen Brittens; heute leitet sie die Ausbildung der Sänger an der Britten-Pears School in den Maltings.

Diese Schule, in ihren Anforderungen »schamlos elitär«, ist ein lebendiges Nationaldenkmal für Benjamin Britten und Peter Pears. Seit 1947 lebten sie zusammen in Aldeburgh, der Komponist und sein Sänger, eine in der Musikgeschichte einmalige Partnerschaft. *»Well, he loved me«*, bekannte Sir Peter freimütig, *»and he also loved my voice.«* Sie lebten zurückgezogen, aber wenn es um Abrüstung ging, sah man sie an der Spitze von Protestbewegungen wie *Musicians Against Nuclear Arms*. Ihr Haus in Aldeburgh ist heute Archiv und Forschungsstätte. »Wir haben die meisten Originalpartituren Brittens, Hunderte von unveröffentlichten Kompositionen«, sagt Peter Wilson, der Bibliothekar. *»We are very anti-*

shrine«: keine Wallfahrtsstätte, bitte, bloß keinen Britten-Kult.

Anders als in Bayreuth wird in Aldeburgh nicht nur der *local hero* zelebriert. Außer Britten spielt man auch andere Komponisten, neben Henze auch Haydn oder elisabethanische Hofmusik. Jedes Jahr lädt man einen *Composer-in-Residence* ein; vielbejubelter Gastkomponist war Alfred Schnittke, einer der führenden Musiker aus der ehemaligen Sowjetunion.

»*How did you like the concert?*« – Standardfrage am Frühstückstisch im Wentworth Hotel. »*Oh, quite, quite*«, antwortet mein Nachbar, »es ging so.« »*Terrific stuff*, ganz toll«, schwärmt Lady Margot, schiebt ihr Kreuzworträtsel beiseite und verkündet, als sei die Queen gestorben: »Horszowski hat eine Fingerinfektion.« Mieczyslaw Horszowski, der 96jährige polnische Pianist, hat sein Konzert soeben abgesagt. »Nächstes Jahr ist er sicher wieder dabei«, sagt Lady Margot. Sie jedenfalls wird kommen, zum fünfzehnten Mal, »*with my taxi-driver from London*«, und wie alle Stammgäste bucht sie bei der Abreise bereits ihr Zimmer fürs nächste Jahr.

Unerläßlich wie der Picknickkorb in Glyndebourne sind beim Aldeburgh Festival Wanderschuhe. *Walks* sind ein fester Bestandteil des Programms. Letztes Jahr wanderten die Kunstfreunde auf Constables Schulweg durchs Stour-Tal. Diesmal ging es durch die Marsch nach Dunwich, *three and a half miles of pure beauty*, und am Strand orteten sensible Festivalohren die Glocken der versunkenen Stadt im Meer. Damit man beim *nice healthy trot* keine nassen Füße bekommt, sollte man dem Programmhinweis folgen: *Wellies advisable*, Gummistiefel gehören zur Konzertgarderobe.

Festivaltage in East Anglia. Du gehst übers Land, und die Landschaft ist voller Musik. Du hörst Brittens *Curlew River*, und der Brachvogelfluß heißt Alde oder River Blyth. Der Schrei der Möwen, das Rauschen im Ried, die knirschenden Steine am Strand, das alles gehört zum großen Sound von Aldeburgh.

Indes finden die wenigsten Veranstaltungen überhaupt noch in Aldeburgh statt, zum Verdruß der Einheimischen. Längst hat sich das Festival über Dörfer, Kleinstädte und Herrenhäuser der Umgebung ausgebreitet. Die schönsten Konzerte erlebte ich in zwei Kirchen: Musik von Gainsboroughs Freunden in der alten Nonkonformisten-Chapel von Ipswich und Brittens Hölderlin-Fragmente in Blythburgh Church, unter dem Engeldach.

Der Aldeburgh-Anfänger hat bei alldem nur ein Problem: das Essen. Nicht *wo*, sondern *wann*. Die meisten Konzerte finden kurz nach dem Mittagessen statt oder gerade zum Dinner. *Serious concert-going*, warnt mein Festivalführer, sei nur schwer zu verbinden mit *serious eating & drinking*. Nun gibt es, außer der Picknick-Lösung, ein paar gute Pubs in der Umgebung und für alle, die ihren inneren Siebeck überwinden können, den *Fish & Chip Shop* in Aldeburghs High Street No. 226, mit selbstgeräuchertem Lachs. Auch Rostropowitsch steht hier Schlange.

Zunehmender Beliebtheit erfreut sich das Festival bei den Yuppies aus Londons Docklands. Die lassen freilich schon mal ein Konzert sausen für ein Essen in *Hintlesham Hall* oder in der *Old Rectory* in Campsea Ash, wo man mit seinem Hubschrauber bequem im Garten landen kann. Das kostet dann eben *serious money.* Die Yuppies, spotten Festival-Oldies, können ja nicht einmal einen Schnittke von einem Schnitzel unterscheiden. Abends sitzt die Weekend-Boheme aus der City im *Cross Keys* und diskutiert die letzten Festivalfragen von Sibelius bis *safer sex*.

Neun Tage dauerte das erste Aldeburgh Festival, heute ist es über das ganze Jahr verteilt: hundertsechzig Tage Musik an der Alde, von Ostern bis Neujahr. Geblieben ist der unkommerzielle Charakter des Ortes, die intime Atmosphäre des Festivals. In den Maltings kann passieren, was in der Londoner Festival Hall undenkbar wäre: Als ihm ein Schönberg-Lied besonders geglückt erschien, wandte sich der Dirigent Oliver Knussen zum begeisterten Publikum und fragte, ob man es noch einmal hören wollte. Natürlich, *play it again, Oliver*.

Am Strand liegen die Boote der Fischer von Aldeburgh, blauweiße Boote aus Lärchenholz. Es gibt hier noch 22 Fischer, und wenn sie ihren Fang an Land bringen und kunstvoll zerlegen, *Dover Sole*, Schollen und Rochen, dann sammeln sich die *arty people*, die Festivalgäste, staunend vor den schwarzgeteerten Hütten. Den größten Zulauf hat ein Mann mit roter Strickmütze: Billy Burrell, der bekannteste Fischer an der Ostküste. Billy war Brittens Freund.

Wie *Ben* ihm Tee an den Strand brachte, wie er seinen Lachs genoß, wie sie zusammen hinausfuhren aufs Meer, um Säbelschnäbler zu beobachten: das sind Billys Erinnerungen an Britten. »Für seine Musik habe ich mich nie interessiert, *it was not my sort of thing*. Meine Frau mag das, sie war ja auch im Chor.« Als Britten ihm einmal zu Hause auf dem Klavier eines seiner Stücke vorspielte, wunderte sich Billy nur: *»Funny people paying money to listen to that rubbish!«* Das hat ihre Freundschaft nicht geschmälert. Benjamin Britten schenkte Billy Burrell eine Partitur seiner Oper *Billy Budd* mit der Widmung »To BB, from BB, for BB«.

Billy weiß, welche Geschichten die *arty people* hören wollen. Er sitzt vor seiner Hütte, spleißt Taue und erzählt. Er gehört zum Festival, zur Naturbühne von Aldeburgh. »Letzte Woche kam Lord Snowdon vorbei. Auch die Queen war schon da. Sie alle standen in meiner Hütte.« Wo er seinen Fisch fange, wollte die Königin wissen. »Dort, Madam«, hat Billy gesagt und aufs Meer gezeigt.

Houghton Hall

Der schönste Zierfisch der Monarchie

Giftig kläfft Lena mich an. Lena, der Dachshund, hütet den Schoß der Marquise von Cholmondeley. Unter diesen Umständen wäre es höchst leichtsinnig, die *grande dame* von Houghton Hall mit einem Handkuß zu begrüßen. Sybil Lady Cholmondeley (sprich: Schamlei) empfängt mich im *coffee room*. Neben ihr ein Strauß von lila Malven, an der Wand das Portrait einer edwardianischen *beauty* in Lebensgröße: Sybil Sassoon, 1913, im Jahr ihrer Hochzeit mit dem Marquis von Cholmondeley.

Mehr als 75 Jahre später, längst verwitwet, sitzt sie mir nun gegenüber, die Marquise mit ihrem Jugendbild. Noch einmal gelingt es der alten Dame, lebendiger zu erscheinen als ihr schöner Schatten. Gemalt hat sie ein Amerikaner in Paris, John Singer Sargent, prominent vor allem als Portraitist der Prominenten. In drei Jahrzehnten malte »der van Dyck unserer Zeit« (Rodin) mehr als 600 Portraits, dann hatte er die Nase voll: *no more mugs*, keine Fratzen mehr.

Eine der wenigen Ausnahmen ist das Bildnis der Sybil Sassoon, das Sargent der Rothschild-Enkelin zur Hochzeit schenkte. 1922, drei Jahre vor seinem Tod in Chelsea, malte er sie noch einmal, mit Dekolleté und großem Faltenwurf. Nun hütet die Witwe ihre Sargents inmitten der Schätze von Houghton Hall, und Lena hütet knurrend ihren Schoß.

»Ich sammle nicht, ich habe eine Sammlung«, erklärt

die Marquise mit dem Selbstverständnis der *landed class*. Die Cholmondeleys gehören zu den wenigen normannischen Familien, die das Land seit dem 12. Jahrhundert in ununterbrochener Erbfolge besitzen. Ihr Stammsitz ist Cholmondeley Hall in Cheshire. Durch Heirat verbanden sie sich Ende des 18. Jahrhunderts mit den Walpoles von Houghton, wenig später mit den Herzögen von Ancaster. So fiel ihnen das Schloß in Norfolk zu und das Amt des Großkämmerers bei Hofe. Der graumelierte Herr in der goldbestickten roten Uniform, der alljährlich bei der feierlichen Parlamentseröffnung der Queen voranschreitet: Das ist Hugh, Lady Cholmondeleys ältester Sohn, schönster Zierfisch der Monarchie, Lord Great Chamberlain of England. Sie selber ist 93 und C. B. E., Commander of the British Empire. Das hindert sie nicht, gelegentlich an der Kasse ihres Hauses Eintrittskarten zu verkaufen. Interviewen läßt sie sich ungern, photographieren schon gar nicht. Knurrend blickt Lena zur Tür. Das Zeichen zum Aufbruch.

Lady Cholmondeleys Verwalter, seit fünfzig Jahren in ihren Diensten, seit zehn Jahren pensioniert und immer noch in ihren Diensten, Mr. Baldwin führt mich in den Park. »Das ist unsere Grenze zu Sandringham«, sagt er, mit einer weitläufigen Handbewegung nach Westen: Rasen, Weiden, Wald, eine grüne Unendlichkeit bis zum Horizont. Gelegentlich kommt die Queen von ihrem Landsitz zum Tee herüber, *quite informal*. Vor dem Haus paradieren die Pfauen und wippen mit ihren Krönchen. Honigfarben leuchtet der Aislaby-Sandstein aus Yorkshire, mit dem die Ziegelmauer rundum verkleidet ist, ein ebenso edler wie wetterfester Stein. Dies ist eines der großen Landschlösser Ostenglands, entworfen 1721 von Colen Campbell, imposant und machtvoll wie der Mann, für den es bestimmt war: Sir Robert Walpole, erster britischer Premierminister.

Das zahlende Publikum betritt Houghton Hall durch den Dienstboteneingang auf der Rückseite des Hauses. Das muß uns nicht kränken, denn diese Gartenfront mit Freitreppe und Säulenportikus ist weit repräsentativer als die Hauptfassade. Wie funktional das Haus angelegt war, empfanden schon die Zeitgenossen. Das Erdgeschoß, bemerkte John Lord Hervey, sei »*hunters, hospitality, noise, dirt and business*« vorbehalten, das Piano nobile mit den Staatsgemächern »*taste, expense, state and parade*«. Abgesehen vom Einbau eines Aufzugs für Behinderte blieb alles unverändert seit den Tagen Robert Walpoles. Für die Interieurs seiner Residenz engagierte der Premierminister 1727 William Kent, den führenden Innenarchitekten seiner Zeit.

Das goldverzierte Schnitzwerk der Mahagonitüren, die ornamentalen Wand- und Deckenmalereien, die von Gold und Schnörkeln schweren Möbel mit ihren verblichenen Samtbezügen: das alles stammt von William Kent. Seine Möbel sind korpulent und elegant wie die, die sie benutzten, pompös, manchmal steif, erstickt im Dekor der Girlanden, Putti und Bacchanten-Masken. Ein höfischer, zeremonieller Stil, der seinen Höhepunkt im Himmelbett erreicht, mit einer gigantischen Muschel am Kopfende. Da konnte Robert Walpole sich umschmeichelt fühlen von grünen Samtbehängen, und von der Decke leuchtete ihm gleich vierfach der goldene Stern seines Hosenbandordens.

Was Generationen in Houghton Hall zusammentrugen, wie könnten wir das in einem einzigen Rundgang erschöpfen? Da gibt es köstliche Details in Fülle: handgemalte chinesische Tapeten, Rokoko-Spiegel, Chippendale-Schränke, schwarzgoldene Lackmöbel, alles im Stil der China-Mode um 1800. Sie waren reich, sehr reich, die Walpoles und die Cholmondeleys, und sie hatten Geschmack; das dokumentierten sie nicht zuletzt in der Wahl ihrer Portraitisten: Reynolds, Hoppner, Rosalba Carriera, John Singer Sargent – eine auch malerisch hochkarätige Ahnengalerie. Mein Favorit indes ist eine Ente.

Die weiße Ente im White Drawing Room, gemalt im Jahre 1753: ein Stilleben in Grau und Weiß – wie wohltuend im Wettstreit der Roben und der Farben. Da wirft sich kein Repräsentant in Positur, da hängt nur eine tote Ente. Aufgehängt an einem Bein vor einer Kalksteinmauer, den Kopf auf einem Damasttuch, daneben eine Porzellanschale, randvoll von Sahnecreme, in einem silbernen Leuchter eine weiße Kerze. Das ist alles. Ein leises Bild vom Ende des Lebens, am Ende der Farben, zugleich ein Triumph der reinen Malerei. Ein Küchenstilleben der feineren Art, zelebriert von Jean-Baptiste Oudry, Hofmaler von Ludwig XV. und Direktor der Gobelinmanufaktur in Beauvais. Auf dem Küchentisch steht eine Kerze zu Ehren der unbekannten Ente, geopfert auf dem Altar der Gaumenfreuden. Mit sublimem Pathos ist das angerichtet, ein sehr französisches Vanitas-Bild, mit cartesianischer Disziplin gemalt, eine kühle Chiffre, kein anekdotisches Schwelgen wie auf holländischen Stillebentafeln. Ein Memento mori als Apotheose des kulinarischen Prinzips: Die Ente ist tot, es lebe der Braten – ich genieße, also bin ich.*

Die kostbarsten Bilder von Houghton Hall hängen heute in der Eremitage in Leningrad. Was Robert Walpole sammelte, zerstreute sein Enkel George in alle Winde. George, der dritte Earl of Orford, war ein Exzentriker, der die Güter so herunterwirtschaftete, daß er 1779 die berühmte Kunstsammlung verkaufen mußte. Den Löwenanteil sicherte sich Katharina die Große: dreizehn Rubens, zwölf van Dyck, Werke von Guido Reni, Salvator Rosa, Murillo, Rembrandts *Opfer Abrahams* – der Grundstock der Eremitage. Insgesamt erwarb Katharina, groß auch als Sammlerin, damals 79 italienische, 75 deutsche und flämische, 22 französische, 7 spanische und 5 englische Gemälde und Zeichnungen, en bloc für 35 000 Pfund. Zum Dank schenkte die Zarin dem unseligen Earl ihr Portrait, ein *chimney piece*, wie man im Englischen so schön sagt, ein Kaminschmuck im Salon.

Vom Ausverkauf der Sammlung Walpole blieben die Familienportraits verschont. So ist Sir Robert in der Stone Hall mehrfach gegenwärtig: in Öl, als Marmorbüste und als Stuckrelief hoch oben an der Decke. Die Stone Hall war der Hauptsaal seiner Antikensammlung. Hier umgab sich der große Staatsmann mit den Büsten römischer Kaiser. An ihrem Vorbild maß er seinen Anspruch. Es war ein Spiegelkabinett auch des eigenen Ruhms, Walpoles Walhalla. Sein Portrait auf der Staffelei neben dem Kamin hat mit römisch-englischem Realitätssinn mehr zu tun als mit antiken Schönheitsidealen.

* Oudrys »White Duck«, Versicherungswert rund 11,5 Millionen Mark, wurde 1992 gestohlen.

Nicht als Connaisseur der *Grand Tour* tritt er uns da entgegen, sondern als Falstaff im Freien. Die Lust an leiblichen Genüssen ist ihm eher anzusehen als der erlesene Kunstgeschmack von Houghton Hall. Ein Herr der Felder in Feldherren-Pose, mit Dreispitz, Peitsche und goldbrokatgesäumtem Rock, seine Jagdmeute hechelnd und wedelnd bei Fuß: So hat ihn John Wootton portraitiert, in der grünen Uniform des Warden of the Royal Park. Sir Robert als Rentner der Krone, das Bild eines Mannes am Ende seiner Karriere. Dieser behäbige Squire aus Norfolk war der mächtigste Politiker des Landes, the *Great Man*, wie seine Zeitgenossen ihn nannten, »der englische Koloß«.

Einem Dorf im Fen entlehnten sie ihren Namen, Walpole. Seit dem 12. Jahrhundert lebten sie in der Gegend von Houghton: ostenglische Landjunker, die ihre Güter bestellten und beharrlich vergrößerten. Einige brachten es zu einem Platz im Parlament. Den großen Sprung aber schafft erst Robert Walpole. Als Vertreter der Whigs kommt er 1721 an die Spitze der Regierung und wird Premierminister von George I. und George II. Walpole, zunächst Lordschatzkanzler, trägt als erster den Titel *Prime Minister*, und er bleibt es länger als jeder andere, bis 1742, doppelt so lang wie Margaret Thatcher.

Er ist ein geschickter Diplomat, scheut weder Korruption noch Kabalen, ein Höfling und ein Beherrscher des Hofes, der bei seinen Schachzügen den König und die Königin so virtuos einsetzt wie seine Springer und Läufer im Parlament und daheim seine Bauern. *Norfolk trickster* nennen ihn seine Gegner: Gauner aus Norfolk, Parvenü aus der Provinz (auch er), der seinen Aufstieg mit einem Landschloß krönt. Er ist unpopulär wie alle, die wirklich Macht haben und sie gebrauchen, durchaus auch zu eigenem Vorteil.

Indes trägt Walpole dazu bei, die alte Kluft zwischen Krone und Parlament zu überbrücken und eine neue Ära der Harmonie zwischen Exekutive und Legislative einzuleiten. Tatsächlich, schreibt der Oxforder Historiker Paul Langford, »veränderte Walpole sachte die Grundlagen der Hannoveraner Herrschaft. Die Politik des Zwangs wich der des Konsensus«. Statt Krieg zu führen, fördert er den Handel und sorgt für Stabilität im Inneren, Voraussetzungen für Britanniens Wohlstand und den Aufstieg zur Weltmacht.

Die *Pax Walpoliana* endet mit dem Sieg der Kriegspartei und Walpoles Sturz, 1742. Sir Robert zieht sich mit seiner Geliebten Mary Skerett und seinem jüngsten Sohn Horace auf seine Güter zurück, genießt die Freuden der Jagd und der *countryside*. John Wootton malt das Bild, das Walpole von sich überliefern will. Da steht der alte Parlamentsfuchs in der Rolle des biederen Patrons, der Frieden und Wohlstand in barocker Fülle verkörpert, steht da wie eine Eiche in Uniform: Hier bin ich Squire von Houghton Hall, in London war ich nur Premierminister. Ist dieses Rollenportrait der letzte Trick des *Norfolk trickster*? Ein Mann im Einklang mit der Natur, vor allem mit seiner eigenen, nicht mehr im Machtkampf zwischen Krone und Parlament; die pastorale Attitüde eines *landlords*, der seinen Pächtern rüde das Dach über dem Kopf abriß, weil ihre Hütten seinem Park im Wege standen. Ebenso souverän schuf er ihnen 1729 Ersatz, das Modelldorf New Houghton; das steht nun Spalier entlang der Straße zum Schloß. Die fünfzig Einwohner zahlen wie eh und je ihre Miete an den Marquis von Cholmondeley.

In der kleinen Kirche im Park von Houghton Hall liegt der große Mann begraben, zusammen mit seinem heute berühmteren Sohn, dem Schriftsteller Horace Walpole. Ich gehe hinüber in die ehemalige Orangerie. Marschmusik tönt mir entgegen. Hier toben noch immer die Schlachten von Waterloo und Balaklawa, im zierlichen Format der Zinnfiguren Lord Cholmondeleys, des jetzigen Besitzers. Eine der größten Sammlungen in Europa, rund 22 000 Zinnfiguren. »Jede einzelne hat der Marquis selbst aufgestellt«, versichert Mr. Baldwin, der Verwalter. Nebenan gibt es Tee. Erst Hauskapelle, dann Turnhalle, jetzt *tea room*: So ändern sich, auch darin, die Herrenhäuser.

Mitten in Wales

Die Ladies von Llangollen

Das ganze Jahr über liegt Llangollen am Dee und langweilt sich. Aber einmal im Jahr tritt die Stadt übers Ufer, wird überschwemmt von Menschen aus aller Welt, und dann summt und schäumt und rauscht Llangollen, singt mit dem Dee um die Wette. Das ist das *International Eisteddfod* von Llangollen, das Bayreuth der Volksmusik und des Volkes, entstanden kurz nach Kriegsende: walisische Festspiele der musikalisch vereinten Nationen. Solisten wie Menuhin, Rostropowitsch und Sir Geraint Evans haben hier gastiert, Chöre von Kapstadt bis zu den Karpaten, Tänzer aus Tientsin, die Zulu Dancers, die Wiener Sängerknaben, mehr als 120 Chöre und Tanzgruppen aus über 30 Ländern und über 130 000 Besucher – die Welt zu Gast in einer walisischen Kleinstadt von 3000 Einwohnern.

Lange vor dem Eisteddfod war das Tal von Llangollen vielbesucht und vielgepriesen als Inbegriff des romantischen Wales. William Turner hat es gemalt, und Fürst Pückler schwärmte, dies sei »eine Gegend, die nach meinem Urteil alle Schönheiten des Rheinlandes weit übertrifft«. Der reisende Connaisseur vergaß nicht, seiner geliebten »Schnucke« in Muskau von walisischen Frühstückswonnen im Sommer 1828 zu berichten: Im *Hand Hotel* serviert man ihm auf weißem Damast »dampfenden Kaffee, frische Perlhuhneier, dunkelgelbe Gebirgsbutter, dicken Rahm, Toast, Muffins und zuletzt zwei eben gefangene Forellen mit zierlichen roten Flecken«. Daran dachte ich, als mir unterwegs in Wales ein lausiger Wirt *Continental Breakfast* vorsetzte – gottlob eine Ausnahme. Ich habe in Llangollen das Haus von zwei alten Damen besucht, die schon lange tot sind. Aber ich finde ihre Geschichte so erstaunlich, daß ich sie erzählen will.

Die einen hielten sie für Blaustrümpfe und Klatschtanten, die anderen für zwei exzentrische Lesbierinnen, Salonlöwinnen der Provinz. Sie waren Töchter Rousseaus und der Romantik, eine Mischung aus George Sand und Barbara Cartland, zwei kapriziöse, kluge, emanzipierte Frauen. Die Großen ihrer Zeit tranken Tee mit ihnen, Wordsworth ebenso wie der Herzog von Wellington. Fürst Pückler, anglophiler Schürzenjäger, nannte sie respektvoll »die berühmtesten Jungfrauen Europas«. Sie waren nicht besonders schön, nicht einmal reich, aber sie richteten sich ihr Leben mit so viel Freiheit und Liebe ein, daß selbst ihre Kritiker sie bewunderten. Sie hießen Eleanor Butler und Sarah Ponsonby; alle Welt nannte sie nur »die Ladies von Llangollen«.

Dabei kamen sie weder aus Llangollen, noch wollten sie je dorthin. Die beiden berühmtesten Waliserinnen stammen aus Irland. Ihre Geschichte beginnt mit einer romantischen Flucht. Kein Kavalier entführt sie, sie fliehen selbst in Männerkleidern, zu Pferde, Töchter aus gutem Hause mit guten Aussichten auf eine gute Partie, Aussteiger Anno 1778. Der erste Fluchtversuch scheitert, der zweite gelingt. Mit ihrer Dienerin Mary Carryll kommen sie nach Wales. »Das schönste Land der Welt«, schreibt Lady Eleanor beim Anblick von Llangollen ins

Tagebuch. Nicht daß sie die Welt schon kennen, aber sie kennen die Neuerscheinungen: Thomas Grays Ballade vom letzten Barden, Gilpins *Pittoreske Reisen*. Wales war damals, neben Ossians Hochland, ein Synonym fur elementare Natur, eine Seelenlandschaft der neuen Gefühle. Es ist die große Zeit der europäischen Empfindsamkeit, Sarah und Eleanor fühlen wie Rousseaus *Neue Héloise*: Natürlich und einfach soll ihr Leben werden, tief und rein ihre Freundschaft. In ihrem Ausbruch aus den Konventionen des Elternhauses, in ihrem Rückzug aus der Gesellschaft in ein Cottage aufs Land folgen sie einer Mode der Zeit ebenso wie ihren eigenen Neigungen. Sturm und Drang der beiden Damen kommen am River Dee zur Ruhe. Statt nach England weiterzureisen, wie ursprünglich geplant, machen sie dieselbe Erfahrung wie heutige Drop-outs: In Wales ist das Leben billiger. So bleiben sie in Llangollen, mieten ein Cottage am Ortsrand und nennen es Plas Newydd, *Neuer Hof*.

Was für ein Paar: Sarah Ponsonby, protestantisch, die praktischere, sie führt den Haushalt; Eleanor Butler, katholisch, in einem französischen Konvent erzogen, führt die Gespräche und trifft Entscheidungen; Sarah ist die sanftere, Eleanor die aktivere, stärkere der beiden, 16 Jahre älter als Sarah. Mit ihren weißgepuderten, kurzgeschnittenen Haaren im Titus-Look, Reitkostüm und Zylinder in der Mode des Directoire wirken sie eher männlich, französisch, exzentrisch. Sie pflanzen Obst und Gemüse für ihren eigenen Bedarf, halten sich vier Kühe, züchten Rosen und schlagen sich mit einer kleinen Rente durch, jahrelang, eigentlich ihr Leben lang in Geldsorgen, oft bis zur Angst, ihr Haus aufgeben und wieder zu ihren Familien nach Irland zurückkehren zu müssen.

Ihr Tagesablauf ist genau geregelt: Aufstehen um acht, Frühstück um neun, ab halb zehn Gartenarbeit, Korrespondenz, Sprachstudien, Malen oder Wandern; um drei Dinner, von halb vier bis neun lesen sie sich gegenseitig vor: Tasso, Petrarca und immer wieder Rousseau; nach dem Abendessen lesen sie weiter oder spielen Backgammon bis nachts um eins. *»Heavenly evening. Reading. Writing«*, notiert Eleanor im April 1785 in ihr Tagebuch. *»A day of such exquisite such enjoyed retirement. So still. So silent.«* War es wirklich so ruhig im Miniaturkonvent der Ladies?

Llangollen lag damals an der Hauptstraße von London nach Holyhead, dem Fährhafen nach Irland. Rund 30 Postkutschen hielten täglich in der walisischen Kleinstadt. Bald spricht es sich herum, daß hier zwei ungewöhnliche Frauen leben, Einsiedlerinnen und Damen von Welt, gastfreundlich, geistreich und von einer gewissen Exzentrik. Literaten und Aristokraten machen ihre Aufwartung, der Herzog von Gloucester, der russische Botschafter und die französische Erzieherin Madame de Genlis, die Schauspielerin Sarah Siddons und der Politiker Edmund Burke, Wedgwood, Walter Scott, Sheridan – die Eremitage wird zum Salon ...

Offenbar können sie mit allen über alles reden. Wofür interessiert sich Lady Eleanor zum Beispiel mit 67 Jahren? Laut Tagebuch von 1806 für Fossilien, Gespenster, Ägyptologie, russische Tänze, Skandale am französischen Hof, unterirdische Gänge, Pompeji und die Geldherstellung – ein bizarrer, »gotischer Geschmack«, der ihre Besucher immer wieder verblüfft. Das Haus der Ladies von Llangollen ist selbst ein perfektes Abbild ihrer pittoresken Phantasie: mit Eichenschnitzereien so üppig verziert und verdunkelt, daß man denkt, man geht durch eine riesige Vitrine. »*Oak carving mania*« nennt Sarah das; eine Holzschnitzerei gilt als bestes Gastgeschenk (»*the regular passport*«). Besonders stolz sind sie auf ihr reich ornamentiertes Eingangsportal, dessen Giebel von zwei Bettpfosten des frühen 17. Jahrhunderts gestützt wird; Wellington steuerte ein paar Löwen bei. Plas Newydd, ein Cottage im neugotischen Stil, mit Spitzbogenfenstern und Sheraton-Möbeln. Erst in viktorianischer Zeit bekam die Fassade ihre elisabethanische Fachwerkverkleidung.

Ein halbes Jahrhundert lang leben sie zusammen in diesem Haus, mit ihrer treuen Dienerin Mary, genannt Molly der Boxer, mit ihren zwei zahmen Krähen, einem Hund namens Chance, nicht zu vergessen Tatters und Mrs. Silk, ihre Katzen. Die Ladies sind eine walisische Institution. Sie werden besucht wie Wasserfälle und Burgruinen als Teil der pittoresken Reise. Wären sie nur Blaustrümpfe gewesen oder Suffragetten geworden, hätten sie nur ein blühendes Klatschgeschäft zwischen England und Irland betrieben, bloße »*name droppers and name collectors*«, wie der Schriftsteller De Quincey nach seiner Visite bissig bemerkte: der Ruhm der Ladies von Llangollen wäre mit ihnen selbst erloschen. Nein, hier war mehr im Spiel. Hier lebten zwei Frauen in aller Offenheit und Zärtlichkeit zusammen, für Puritaner ein Ärgernis, für manche bis heute. Eine Aura von Poesie, ein Hauch von Perversion umgab die Ladys. Eine Frauengemeinschaft ohne feministische Ideologie, Landleben und lesbische Liebe – was für eine aufregende Verbindung, damals, was für ein Thema für Society-Klatsch. Wenn Eleanor am 2. Dezember 1785 notiert: *»My Sally, My Tender, My Sweet Love lay beside me holding and supporting My Head till one o'clock«*, dann, meint ihre Biographin Elizabeth Mavor, deute das eher auf Migräne als auf lesbische Freuden. Das große Himmelbett teilen sich Eleanor Butler und Sarah Ponsonby so selbstverständlich wie alles andere auch. Ihre Bücher tragen auf der Vorderseite die Initialen E. B. und S. P. auf der Rückseite. Gemeinsam unterschreiben sie ihre Briefe, Tausende von Briefen mit Goldrand und in zierlicher Handschrift.

Als Lady Eleanor 1829 stirbt, im Alter von 90 Jahren, bleiben alle Geschäfte in Llangollen geschlossen. Zwei Jahre später folgt ihr Sarah, *»My Sally, My Sweet Love«*. Schon zu ihren Lebzeiten werden, wie bei Nelson, Souvenirs der Ladies von Llangollen produziert. Auf einem Porzellan-Service aus Swansea sieht man sie hoch zu Roß. Ein pensionierter General hat ihr Haus schon 1876 als Museum eingerichtet. Butler Hill heißt die kleine Straße, die dorthin führt, *Ponsonby Arms* ein Pub in Llangollen. Im Garten von Plas Newydd stehen die gestutzten Eibenhecken wie erstarrte Besucher einer vergangenen Epoche. Noch Simone de Beauvoir zitiert die Ladies in ihrem Buch *Das andere Geschlecht*: »Die Vereinigung der Sarah Ponsonby mit ihrer Geliebten dauerte ungetrübt an die 50 Jahre lang. Sie haben es anscheinend verstanden, sich am Rand der Welt ein friedliches Eden zu schaffen.«

Kamasutra mit Lord Bath

Englands Alt-Hippie auf Schloß Longleat

Was hilft es schon, wie Gott in Frankreich zu leben? Das Tor zum Himmel liegt in England, in der Grafschaft Wiltshire. Duftende Azaleen, Flußzedern, Amber- und Tulpenbäume säumen den Weg zum *Heaven's Gate*. Von dieser Anhöhe blicken wir hinunter auf Longleat: ein sanft gewelltes Wiesental, das Schloß am See, eine Pastorale mit Eichen, Schafen und allem, was dazugehört, seit Capability Brown im 18. Jahrhundert solche Paradieslandschaften *made in England* schuf.

Freilich würde Parkmeister Brown sich wundern, käme er heute nach Longleat. Im Schatten seiner Bäume dösen Löwen und Tiger. Auch Antilopen grasen da, Zebras, Giraffen und Elefanten. Wenn irgendwo, dann ist die Arche Noah in Longleat gelandet. Und zwar 1965. Damals schlug ein Zirkusartist namens Jimmy Chipperfield dem 6. Marquess of Bath vor, Löwen in seinem Park anzusiedeln. »Müssen die Käfige nicht ziemlich groß sein, wenn da Autos durchfahren sollen?« fragte der Lord. »Das ist der springende Punkt«, erwiderte der Dompteur: »Wir werden die Besucher in Käfige sperren, nämlich in ihre Autos, und die Löwen frei herumlaufen lassen.«

Als Ostern 1966 in Longleat Englands erster Safaripark eröffnete, warnte die Times vor dieser »gefährlichen Verrücktheit«. Doch die Leute kamen zu Tausenden, und die Löwen von Longleat wurden zum Begriff. Sie brachten dem Lord Publicity, Cash und Dünger. Löwendünger, darauf schwor er, hielten das Rotwild von seinen Rosen fern, schon deshalb sollte man sich als Engländer Löwen halten.

Im Kreis der englischen Blaublüter, die Löwen bisher nur als Wappentiere kannten, war der Mann natürlich unmöglich. Dabei hatte er so verheißungsvoll angefangen. In Oxford gehörte er in den zwanziger Jahren zu den *bright young people*. Daß er selber kein so brillanter Kopf war, machte er reichlich wett durch Schloßpartys für seine Freunde. Evelyn Waugh pries ihn denn auch als einen der *»useful aristocrats«*, einen nützlichen Idioten.

Die schönen Tage von Brideshead, nach dem Krieg waren sie auch auf Longleat endgültig vorüber. *Lordy*, wie seine Freunde ihn nannten, erbte ein ziemlich heruntergewirtschaftetes 118-Zimmer-Haus samt Erbschaftssteuern in Millionenhöhe. Da half nur eins: Wenn man das Familiensilber nicht verkaufen wollte, mußte man es zur Schau stellen. Als erstes der großen britischen Adelshäuser öffnete sich Longleat 1949 einem zahlenden Publikum zur regelmäßigen Besichtigung. Nun stürmte das Volk die Salons, mit Picknickkörben und Eintrittskarten. Es war die verspätete, englische Form der Französischen Revolution.

Was für ein Schock das gewesen sein muß, wir können es ja nur ahnen, angesichts der Spuren der Katastrophe im Breakfast Room. Alles nobel gedeckt, nur ein Platz mit allen Zeichen überhasteten Aufbruchs, die Morgenzeitung zerknüllt und vergilbt. Es ist die *Times* vom 1. April 1949 – der Tag, an dem die ersten Besucher hier auftauchten, wir, die Störenfriede von Longleat.

Inzwischen sind in England mehr als 700 Herrenhäuser geöffnet, mit rund 50 Millionen Besuchern im Jahr. Der Marquess of Bath, einst bespöttelt, wird nun als Pionier des *stately home business* gefeiert, auf seinen eigenen Gütern gar als »der Vater des modernen Tourismus in diesem Lande«. Longleat zeigt exemplarisch, wohin die Vermarktung historischer Mottenkisten führt: zum hochherrschaftlichen Rummelplatz.

Dicht neben dem elisabethanischen Renaissanceschloß liegen die eigentlichen Attraktionen: die Science-fiction-Welt von Dr. Who & Cybermen, der Streichelzoo und die High-Tech-Kapsel, in der man Skiabfahrtslauf, Stukaflüge und anderen virtuellen Schwachsinn simulieren kann. Im Stall glänzt Churchills schwarzer Austin 10, und draußen, *oh Daddy, please*, die Riesenabenteuerburg, die Schmalspureisenbahn und *Pets Corner*, Friedhof dero erlauchter Lieblingstiere. Hier ruhen die Pekinesen Potiphar und Pansy, das Windspiel Drake, der Terrier Jenny Wren, die Taube Homer und der Grünpapagei Jud Süss, begraben 1933.

Ja, Geschichte, knüppeldick. Dabei waren wir noch gar nicht im Schloß. Müssen wir wirklich »besichtigen«? Gottlob gibt es eine Führung. Da verlaufen wir uns wenigstens nicht wie eben zwischen den Eibenhecken im »längsten Labyrinth der Welt«. Schon in der Eingangshalle königliches Blut: die Seidenweste, die Charles I. bei seiner Hinrichtung trug. Nein, die Elchgeweihe an der Wand haben nichts damit zu tun. Unsere Führerin ist geduldig, und sie weiß alles. Sogar, daß Longleats Hausgespenst einen mauvefarbenen Mantel trägt. Nur wo der Tizian steckt, weiß sie nicht. »Hier hat er gehangen.« Wehmütig deutet sie auf ein Stück Genueser Samttapete im State Drawing Room. Tizians *Rast auf der Flucht nach Ägypten*, Versicherungswert fünf Millionen Pfund, gestohlen Anfang Januar 1995, an einem Freitagabend gegen neun. Seither wird die leere Stelle an der Wand sehr viel intensiver betrachtet als je zuvor der Tizian. Auch der Tintoretto, der Ruisdael, das weiße Meißen: verschwunden. »Ja, leider«, sagt unser Guide, *»removed for safety«*, eine Vorsichtsmaßnahme. Zum Glück hat der jetzige Schloßherr beizeiten für Ersatz gesorgt und seine eigenen Bilder gemalt. Wände, Decken, ganze Säle und Korridore voller Bilder. Es ist zu befürchten, daß keiner sie je klauen wird.

Schon Mitte der fünfziger Jahre hatte sich der 6. Marquess, der Herr der Löwen, in ein kleineres Haus auf seinen Gütern zurückgezogen und den gesamten Westflügel des Schlosses seinem ältesten Sohn überlassen. Alexander, der junge Lord, fühlte sich zum Künstler berufen. Das Ergebnis können wir heute in seinen Privaträumen bewundern, einen Wandbildzyklus von barokkem Ausmaß, »Schlüssellochblicke in meine Seele«.

»Paranoia, Teil eins«, erläutert unser Guide. Lebensgroße Figuren wirbeln über die Wände, eine Fledermausfrau jagt einen Mann, der ins Maul eines Löwen flieht. Kinderängste, Männerphantasien, Horror Picture Show im Herrenhaus. Ob Bibliothek oder Billardraum, Kinderzimmer, Speisezimmer, alle Wände hat Lord Bath mit seinen Visionen gefüllt, burleske Szenen, als hätten die Expressionisten aus Jackson Pollocks Tuben gespritzt. Dick wölbt sich die Farbe, gemischt mit Sägespänen zu plastischer Wirkung. Wie eine kirmesbunte Gänsehaut

bedecken diese Reliefs die Wände von Longleat. »Noch nie irgendwo anders ausgestellt«, versichert die Führerin. Das glaubt man gern.

Und hier das Gästezimmer seiner Lordschaft, der Kamasutra-Raum. Ringsum an phallischen Bäumen hängen 33 aphrodisische Äpfel, jeder gefüllt mit saftigen Liebesszenen, lauter lehrreiche Positionen vom Baum der Erkenntnis. Stilgerecht steht auch ein Himmelbett bereit, mit einem großen Spiegel im Baldachin – für Variationen, die er in seiner Malerei vielleicht ausgelassen habe, schreibt der Lord im Katalog, »man kann ja nicht an alles denken«. Mehrsprachig kichernd, so angeregt wie nie bei einer Schloßbesichtigung, drängt unser Grüppchen weiter, aus Lord Baths Aerobicraum der freien Liebe durch den *Heaven & Hell*-Korridor zur Wendeltreppe. Da hängen sie wie Jagdtrophäen, seine *wifelets*, die Portraits seiner Geliebten, treppauf, treppab, in chronologischer Folge. »Seine Blaubart-Sammlung. Die Namen stehen auf der Rückseite, 57, nicht ganz *up to date*, er ist schon bei der 61sten.« Solche Nummernarien erfreuen jeden Kunstfreund. Einer schrieb ins Besucherbuch: »*No 13 looks like my mum. Please explain!*«

Keine Frage, Lord Bath ist der wildeste Löwe von Longleat. Ein paar Tage später lerne ich ihn kennen: ein Hüne im Patchwork-Pulli, gutmütig lächelnd wie Samson aus der Sesamstraße. Er hat lange, graue Lokken, einen struppigen Bart, am rechten Ohr einen Goldring, im linken ein Hörgerät. Lord Bath ist 63 und wie immer barfuß. Schlips und Schuhe zieht er nur an, wenn er an den Sitzungen im Oberhaus teilnimmt, und das tut Englands Alt-Hippie erstaunlich oft.

In der dritten Etage von Longleat hat er sich gerade eine Penthouse-Suite »im Stil des 21. Jahrhunderts« einrichten lassen, mit einem Schreibtisch wie eine Raumschiffzentrale und anderem futuristischen Schnickschnack. Begeistert knipst er alles an, was sich beleuchten läßt, vom Sternenhimmel der gläsernen Tischplatte bis zu den Tivolilampen im Bad. Sein Designer hat ihm »weiße Wände« verordnet, lachhaft. Triumphierend drückt er auf einen Knopf, schon flackern farbige Laserstrahlen durch seinen Techno-Salon.

Ja, Lord Bath ist ein Künstler. Sein Vater hat das nie begriffen. »Er akzeptierte nie, daß ich Maler und Schriftsteller wurde. Das waren keine Berufe, die er schätzte. Solange ich zur Schule ging, dachte er immer, ich würde Politiker, vielleicht auch Richter. Ich sollte seine Vision von Longleat verwirklichen. Und das tat ich nicht.«

Wie sehr die beiden aneinandergerieten, hat die Photographin Eve Arnold erlebt. Abends beim Dinner pries der alte Lord Bath »Hitlers Brillanz als Maler, Feldherr und Weltführer«. Sein Sohn protestierte, beide brüllten sich an und gingen aufeinander los. Eve Arnold flüchtete auf ihr Zimmer. »Ich war schockiert«, schrieb sie, »hin- und hergerissen zwischen dem Gefühl, daß Lord Bath ein Nazi-Bastard war oder ein trauriges, uneinsichtiges Geschöpf.«

Am Ende hatte er auf seinem Schloß die größte Sammlung von Nazi-Souvenirs und Hitler-Aquarellen in England. »Ja, mein Vater war ein Faschist. Aber er sammelte auch alles, was er von Churchill kriegen konnte. Er bewunderte Skrupellosigkeit.« Ein kleiner Teil dieser monströsen Kollektion ist heute im Stall von Longleat zu sehen: Churchills angesengter Overall samt Zigarrenstumpen, Hitlers Besteck aus dem Berliner Bunker sowie das Fell des ersten Löwen von Longleat, der *Marquess* hieß.

Schön, diese Gedenkausstellung des Sohnes für den toten Vater. Den hat er bei der Gelegenheit postum noch aus dem Haus geworfen. Graham Sutherlands Portrait des alten Lord Bath, das einzig nennenswerte Gemälde des 20. Jahrhunderts im ganzen Schloß, hat jetzt einen Ehrenplatz bei den Hitleriana im Stall. *Honny soit qui mal y pense.*

Seit er vor drei Jahren Schloß und Titel erbte, hat der Kamasutra-Künstler Longleat sehr viel professioneller verwaltet, als mancher erwartete. Sein Vater etablierte einen Safaripark, der Sohn ein *Center Parcs*-Feriendorf. Dieser im Sommer 1994 eröffnete 180-Millionen-Mark-Freizeitsimulator, der dritte seiner Art in England, bringt Lord Bath Rendite und Besucher in Fülle. Ein genialer Wurf.

»Mein Vater setzte auf Löwen, ich auf Labyrinthe. Ich will jedes Jahr ein neues Labyrinth anlegen – *go to Longleat to get lost!*« Lord Bath zeigt aus dem Fenster. Neben der Orangerie wächst das jüngste seiner zwanzig geplanten Labyrinthe, das *Maze of Love*: ein Liebesgarten aus Buxushecken und Rosenbögen in Herzform, unter denen der verirrte Besucher verweilen und seinen Partner küssen soll. *Sex please, we're British!*

Ein goldenes Labyrinth mit einem gekrönten Löwen, das Logo von Longleat, prangt auf allen Souvenirs und auf den schwarzen T-Shirts der 200 Angestellten. Longleat hat etwa eine halbe Million Besucher im Jahr, Gesamtumsatz: rund 15 Millionen Mark.

»Er ist ein Grüner, er reitet nicht einmal«, sagt Joe Lovatt, Kneipenwirt im *Bath Arms*. »Er ist gegen die Jagd, aber Jagdpacht und Abschußprämien kassiert er, mehr als 900 Mark pro Hirsch.«

»His Lordship«, sagt Clare Kiener, seine amerikanische PR-Beraterin, »ist mehr Geschäftsmann, als es scheint.« Geschickt nutzt er sein Image als Hippie und Künstler. Zoff mit dem Vater, zahllose Affairen: die Schlagzeilen, die er als *bad boy* machte, waren immer *good publicity* für Longleat. »Insofern hat es sich gelohnt, was mein Vater in mich investiert hat.«

Gegenwärtig plant Lord Bath eine neue Attraktion: sein eigenes Stonehenge im Park von Longleat. Warum das Steinzeit-Monument kopieren, wenn man nur wenige Meilen entfernt das Original sehen kann? »Das ist ja nur noch eine Ruine«, sagt er. »Wir bauen die Steinkreise so wieder auf, wie sie vor 3000 Jahren aussahen.« *Thynnhenge* soll das prähistorische Disneyland heißen, nach seinem Familiennamen Thynn. Anders als im abgesperrten Stonehenge soll man in Longleat die Steine berühren können, natürlich nicht umsonst. Auch New-Age-Traveller und Neo-Druiden werden im neuen Steinzeitpark gehörig Eintritt zahlen.

Der megalithomane Lord, barfüßig mit den Kräften der Erde in Direktkontakt, ist praktizierender Pantheist. »Ich feiere die Sonnwendfeste. Meine Frau feiert Weihnachten. Das gibt manchmal etwas Verwirrung.« Und wie reagiert Lady Bath auf Ihre Blaubart-Nummern? »Sie kannte mich schon lange vor unserer Hochzeit, nichts überrascht sie mehr.« Mit Anna Gael aus Ungarn führt er seit 25 Jahren eine glückliche Ehe auf Distanz.

»Sie lebt in Paris, einmal im Monat kommt sie für eine Woche nach Longleat.« Behauptet er.

Ihre beiden Kinder, Lenka und Ceawlin, hat er auf Gesamtschulen geschickt. Warum nicht auf eine Public School wie Eton, wo Sie selber waren? »Weil dort die Klassentrennung beginnt.« Kommunist wollte der linke Lord nicht werden, »das wäre doch zu sehr gegen meine Interessen.« So gründete er seine eigene Partei, die *Wessex Regionalist Party*.

Wessex, da leuchten seine hellblauen Augen. Wessex ist fast so schön wie Kamasutra, nur weit schwieriger zu realisieren. Wessex hieß das angelsächsische Königreich zwischen London und Cornwall, nach dem dritten König von Wessex heißt sein Sohn Ceawlin – höchste Zeit, daß Wessex wieder autonom wird in einem Europa der Regionen. In Longleat hängt noch das Plakat der Parlamentswahlen von 1974. »Ich bekam 521 Stimmen, später bei den Europawahlen knapp 2000.« Damit läßt sich kein Staat machen, erkannte Lord Bath, konzentrierte sich fortan auf die Förderung der Regionalkunst und begab sich ins Oberhaus. Dort stritt er in seiner Jungfernrede für die Rechte unverheirateter Mütter, wurde Mitglied der Liberaldemokraten und hoffte auf Tony Blair als nächsten Premierminister.

Was für ein Mann! Solange es solche Exzentriker gibt, ist England nicht verloren. Geschmack? Stil? Unbekümmert malt, schreibt und vögelt er drauflos und weiß selbst am besten, daß er kein großer Künstler ist. »Ich bin ein verkrachter Prediger«, sagt Lord Bath. »Das Leben wird immer mehr zentralisiert. Zu ertragen ist das nur, indem man den Individualismus fördert.« Jeden Morgen sitzt er an seinem Raumschiffschreibtisch auf Schloß Longleat und schreibt seine Autobiographie. »Ich bin erst bei Band neun. Wenn meine Rechnung stimmt, erreiche ich im Jahr 2008 die Gegenwart, mit Band 25.«

Darauf freuen wir uns jetzt schon.

Nachbemerkung

In A. G. Macdonells Roman *England Their England* (1933) erhält ein Schotte den Auftrag, die Engländer zu entdecken. »Extraordinary difficult«, sagt sein Verleger, ein Waliser: »I don't understand them but I love them.«

Wenige Jahre später gab George Orwell dem populären Titel eine politische Wendung. Sein Essay *England Your England*, im Kriegsjahr 1941 erschienen, war der Versuch, die Eigenart seiner Landsleute zu analysieren, ihren Patriotismus zu mobilisieren. Davon ist *England, mein England* mehr als fünfzig Jahre und einen Kanaltunnel entfernt.

Seit langem besuche ich dieses Land, nirgendwo reise ich lieber umher als zwischen Southwold und St. Ives, Llangollen und den Hebriden. Nur davon ist hier die Rede: von Erfahrungen unterwegs, von persönlichen Begegnungen abseits der Schlagzeilen, die unser Nachrichtenimage des Landes prägen. *England, mein England* ist, bei allem Enthusiasmus, nicht frei von einer leisen Trauer über das, was mein Londoner Kollege Andrew Marr jüngst so zusammenfaßte: »The British are getting accustomed to seeing themselves almost as a forgotten people, a brushed-aside nation ... History is no longer made in Britain.«

Doch bleibt die Geschichte nicht stehen. Einiges von dem, was in diesen Momentaufnahmen beschrieben wird, hat sich schon geändert. Nicht der Linksverkehr, aber zum Beispiel der Preis der Fähre über den River

Blyth. Und Bob, der Fährmann, ist tot. Auch Ginger ist inzwischen gestorben. Ihnen widme ich dieses Buch, stellvertretend für die vielen, die mir über sich und ihr Land so bereitwillig Auskunft gegeben haben.

Für die Unterstützung bei diesen Reisen danke ich Detlef Bosch von Scandinavian Seaways in Hamburg, der mir immer ein bequemes Bett über den Kanal besorgt hat. Vor allem danke ich auch bei diesem Buch wieder meiner Frau Else Maria: Ohne sie wäre selbst England nur halb so schön.

PS

Nachweise

Die Texte wurden zum größten Teil überarbeitet und aktualisiert.

Sunny periods in Southwold. *Ein Ort fÿr Einzelgänger und Exzentriker* (DIE ZEIT, Nr. 41, 2. Oktober 1987)

Feine Leute im Freien. *Thomas Gainsborough in Suffolk* (ZEIT*magazin*, Nr. 36, 2. September 1988)

The Tate of the West. *Die Schule von St. Ives* (ZEIT*magazin*, Nr. 27, 2. Juli 1993)

Die Schwestern Brontë. *Ein Besuch in Haworth* (ZEIT*magazin*, Nr. 44, 28. Oktober 1988)

Dylan Thomas in Wales. *Dichter unter dem Milchwald* (ZEIT *magazin,* Nr. 35, 23. August 1985)

Lady Ottoline Morrell in Garsington. *Große Oper im Garten* (DIE ZEIT, Nr. 25, 17. Juni 1994)

Die Churchills von Blenheim Palace. *Dallas in Oxfordshire* (DIE ZEIT, Nr. 11, 11. März 1994)

Lady Victoria in Burghley House. *Sir Spirits wackere Erben* (DIE ZEIT, Nr. 22, 24. Mai 1991)

Schirmherren über Schlösser & Schafe. *Der National Trust* (ZEIT*magazin*, Nr. 3, 13. Januar 1995)

Der Bestseller-Lord. *Jeffrey Archer in Grantchester* (unveröffentlicht)

Das Aldeburgh-Festival. *Pastorale mit Nebengeräuschen* (DIE ZEIT, Nr. 37, 9. September 1988)

Houghton Hall. *Der schönste Zierfisch der Monarchie* (DIE ZEIT, Nr. 39, 22. September 1989)

Mitten in Wales. *Die Ladies von Llangollen* (DIE ZEIT, Nr. 10, 1. März 1985)

Kamasutra mit Lord Bath. *Englands Alt-Hippie auf Schloß Longleat.* (DIE ZEIT, Nr. 40, 29. September 1995)

»Very British!« im insel taschenbuch

Elsemarie Maletzke · Very British!

Unterwegs in England, Irland und Schottland
it 3179. 144 Seiten

Peter Sager · England, mein England

Britische Begegnungen
it 3180. 160 Seiten

George Borrow · Wildes Wales

Land der Kämpfer und Dichter
it 3181. 128 Seiten

Daphne du Maurier · Mein Cornwall

Schönheit und Geheimnis
it 3182. 192 Seiten

Vita Sackville-West & Harold Nicolson
Sissinghurst

Portrait eines Gartens
it 3183. 128 Seiten

Peter Sager · Englische Gartenlust

Von Cornwall bis Kew Gardens
it 3184. 176 Seiten

Virginia Woolf · London

Bilder einer großen Stadt
it 3185. 112 Seiten

Englische und amerikanische Literatur im insel taschenbuch Eine Auswahl

Elizabeth von Arnim

- Alle meine Hunde. Roman. Übersetzt von Karin von Schab. it 1502. 177 Seiten
- April, May und June. Übersetzt von Angelika Beck. it 1722. 88 Seiten
- Ein Chalet in den Bergen. Roman. Übersetzt von Angelika Beck. it 2114. 260 Seiten
- Christine. Roman. Übersetzt von Angelika Beck. it 2211. 223 Seiten
- Einsamer Sommer. Roman. Übersetzt von Leonore Schwartz. Großdruck. it 2375. 186 Seiten
- Elizabeth und ihr Garten. Roman. Übersetzt von Adelheid Dormagen. it 1293. 131 Seiten
- Der Garten der Kindheit. Übersetzt von Leonore Schwartz. Großdruck. it 2361. 80 Seiten
- In ein fernes Land. Roman. Übersetzt von Angelika Beck. it 1927. 518 Seiten
- Jasminhof. Roman. Übersetzt von Helga Herborth. Großdruck. it 2292. 402 Seiten
- Die Reisegesellschaft. Roman. Übersetzt von Angelika Beck. it 1763. 372 Seiten
- Sallys Glück. Roman. Übersetzt von Schamma Schahadat. it 1764. 352 Seiten
- Vera. Roman. Übersetzt von Angelika Beck. it 1808. 335 Seiten
- Verzauberter April. Roman. Übersetzt von Adelheid Dormagen. it 1538. Mit farbigen Fotos aus dem gleichnamigen Film. 274 Seiten. it 2346. 370 Seiten

NF 23/1/6.04

Jane Austen

- Die Abtei von Northanger. Übersetzt von Margarete Rauchenberger. Mit Illustrationen von Hugh Thomson. it 931. 254 Seiten
- Anne Elliot. Übersetzt von Margarete Rauchenberger. Illustrationen von Hugh Thomson. it 1062. 279 Seiten
- Lady Susan. Ein Roman in Briefen. Übersetzt von Angelika Beck. it 1192. 253 Seiten
- Die drei Schwestern. Jugendwerke. Herausgegeben und übersetzt von Melanie Walz. it 2698. 320 Seiten
- Emma. Übersetzt von Angelika Beck. it 511 und it 1969. 549 Seiten
- Mansfield Park. Übersetzt von Angelika Beck. Mit Illustrationen von Hugh Thomson. it 1503. 579 Seiten
- Stolz und Vorurteil. Übersetzt von Margarete Rauchenberger. Mit Illustrationen von Hugh Thomson und mit einem Essay von Norbert Kohl. it 787. 439 Seiten
- Verstand und Gefühl. Übersetzt von Angelika Beck. Mit Illustrationen von Hugh Thomson. it 1615. 449 Seiten

Anne Brontë

- Agnes Grey. Übersetzt von Elisabeth Arx. it 1093. 276 Seiten
- Die Herrin von Wildfell Hall. Roman. Übersetzt von Angelika Beck. it 1547. 654 Seiten

Charlotte Brontë

- Jane Eyre. Eine Autobiographie. Übersetzt von Helmut Kossodo. Mit einem Essay und einer Bibliographie herausgegeben von Norbert Kohl. it 813 und it 3008. 645 Seiten
- Der Professor. Übersetzt von Gottfried Röckelein. it 1354. 373 Seiten
- Shirley. Übersetzt von Johannes Reiher und Horst Wolf. it 1145 Seiten. 715 Seiten

- Über die Liebe. Herausgegeben von Elsemarie Maletzke. Übertragen von Eva Groepler und Hans J. Schütz. it 1249. 80 Seiten
- Villette. Übersetzt von Christiane Agricola. it 1447. 777 Seiten

Emily Brontë

- Die Sturmhöhe. Übersetzt von Grete Rambach. it 141. 363 Seiten

Lewis Carroll

- Alice hinter den Spiegeln. Übersetzt von Christian Enzensberger. Mit Illustrationen von John Tenniel. it 97. 145 Seiten
- Alice im Wunderland. Übersetzt von Christian Enzensberger. Mit Illustrationen von John Tenniel. it 42. 138 Seiten
- Briefe an kleine Mädchen. Herausgegeben und übersetzt von Klaus Reichert. Mit zahlreichen Fotografien des Autors. it 1554. 208 Seiten
- Tagebuch einer Reise nach Rußland im Jahr 1867. Übersetzt von Eleonore Frey. Herausgegeben von Felix Philipp Ingold. it 2589. 132 Seiten

Geoffrey Chaucer

- Die Canterbury-Erzählungen. Übersetzt und herausgegeben von Martin Lehnert. it 1006. 786 Seiten
- Troilus und Criseyde. Übersetzt von Wolfgang Obst und Florian Schleburg. it 2648. 304 Seiten

Kate Chopin

- Das Erwachen. Roman. Übersetzt von Ingrid Rein. it 2149. 222 Seiten

Daniel Defoe

- Glück und Unglück der berühmten Moll Flanders. Übersetzt von Martha Erler. Mit Illustrationen von William Hogarth und einem Essay von Norbert Kohl. it 707. 440 Seiten

NF 23/3/6.04

